JN044500

初期仏教から大乗仏教へ

仏と菩薩

平岡聡

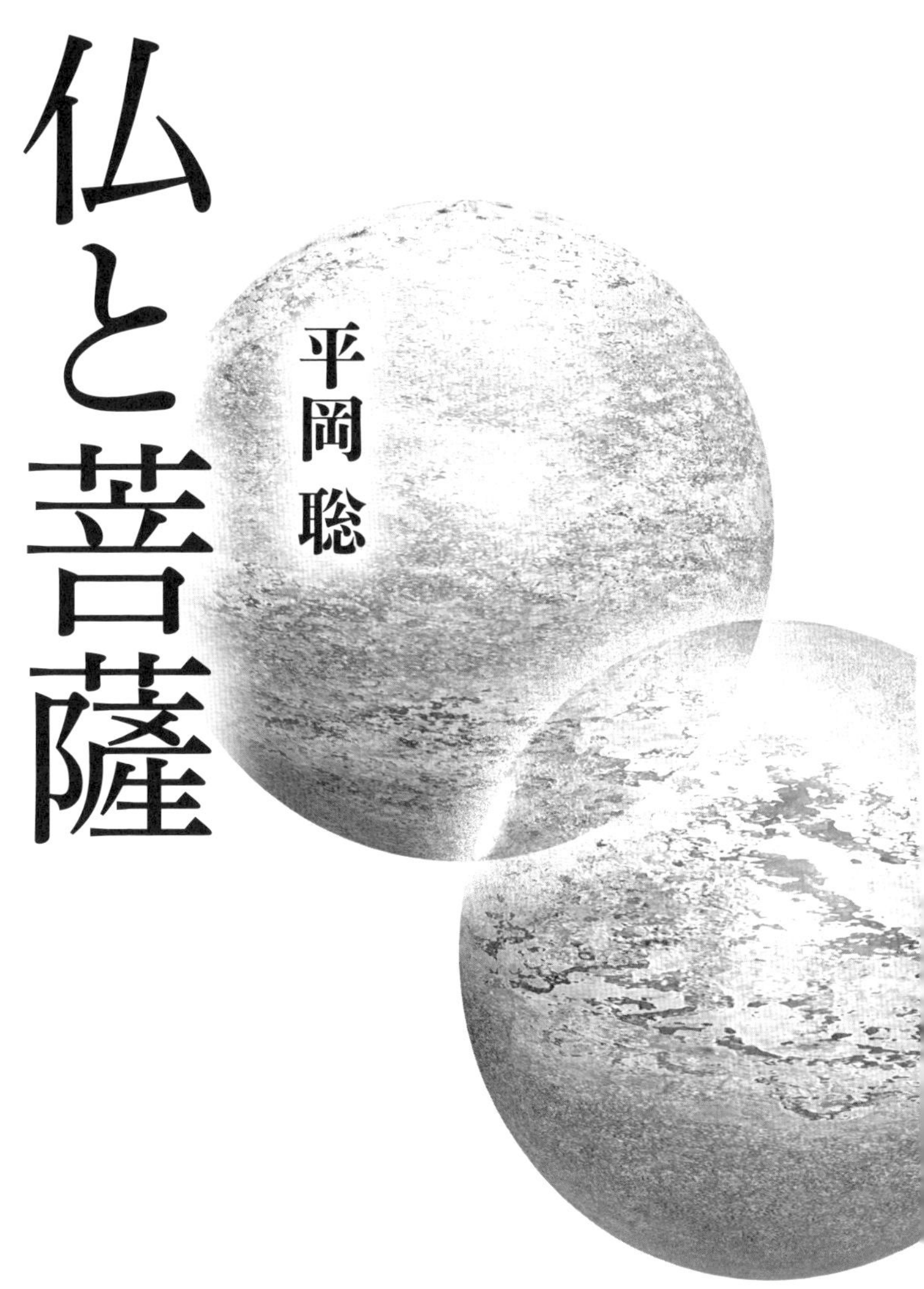

大法輪閣

はじめに

日本人は、神と仏とを区別しているのか。あるいは、できているのか。そもそも、そのような区別は日本人にとって問題なのだろうか。というのも、日本人は窮地に追い込まれると、「神様！　仏様！」と両者を一緒くたにして神仏に救いを求めるからだ。そして、その祈りが届かないと態度を豹変させ、今度は「神も仏もありゃしない！」と、これまた両者を一緒くたにして神仏を呪う。

ところで、この二つの表現、日本人にはかなり浸透しているようだ。椎名林檎（しいなりんご）の歌に「神様、仏様」があり、彼女はサビの部分で「神様、仏様」とシャウトする。一方の「神も仏もありゃしない」も曲のタイトルになっているし、佐野洋子のエッセイ集に『神も仏もありませぬ』というのもある。いずれも、日本人なら一度は使ったことのある馴染みのフレーズだ。

日本では、神仏習合の影響もあって、神と仏の境界は曖昧であり、神も仏も「人間を超越した存在で、人間の幸不幸に影響力を持つ存在」というほどの意味で使っている。神仏の境界が曖昧なら、同じ仏教内の「仏と菩薩」も一般の人々にとっては区別のつきにくい存在に違いない。

また、観音菩薩に代表されるように、仏と変わらぬ働きをする菩薩がいることも事態を複雑にする。「仏と菩薩とは何がどう違うのか」という疑問が出るのも当然だ。ネット上でも両者の違いを説明するサイトはかなりあるが、私のみたかぎり、学問的な成果をふまえて両者の違いを解説したサイトはない（そのすべてをチェックしたわけではありませんが）。また著書でも、両者の違いを解説した一般書はないようだ。あるのは、造形（仏像）のレベルで仏と菩薩の違いを説明した書だけである。

私は最近、菩薩に関する著書を出版したが（平岡［2020］）、それをふまえてこのような現状を振り返ったとき、菩薩単体ではなく、仏と菩薩とをセットで論ずれば、両者の違いを明確にするのみならず、初期仏教から大乗仏教までの歴史をすんなりと理解できるのではないかと思い至った。このような経緯でまとめたのが本書だ。またその結果、仏教という宗教の特徴もみえてきた。終章では、キリスト教と比較し、この点について私見を述べることにしよう。

仏と菩薩の違いを切り口にして、初期仏教から大乗仏教に至る歴史をわかりやすく見通せ、また仏教という宗教の〝多様化〟という特徴を明快に解説する書になっていれば幸いである。

仏と菩薩

——初期仏教から大乗仏教へ——

目次

略号表

AKBh: *Abhidharmakośabhāṣyam of* Vasubandhu (Tibetan Sanskrit Works Series 8), ed. P. Pradhan, Patna, 1975.

AṣP: *Aṣṭasāhasrikā Prajñāpāramitā* (Buddhist Sanskrit Series 4), ed. P. L. Vaidya, Darbhanga, 1960.

BBh: *Bodhisattva-bhūmi, A Statement of Whole Course of the Bodhisattva*, ed. U. Wogihara, Tokyo, 1971.

D.: Derge (Taipei Edition).

Divy.: *Divyāvadāna: A Collection of Early Buddhist Legends*, ed. E. B. Cowell and R. A. Neil, Cambridge, 1886 (Reprint: Amsterdam, 1970).

DN: *Dīgha-nikāya*, 3 vols., PTS.

It.: *Itivuttaka*, PTS.

Ja.: *Jātaka*, 6 vols., PTS.

KP: *Karuṇāpuṇḍarīka-sūtra*, ed. I. Yamada, London, 1968.

MN: *Majjhima-nikāya*, 4 vols., PTS.

PTS: Pali Text Society.

Sn: *Suttanipāta*, PTS.

SN: *Saṃyutta-nikāya*, 6 vols., PTS.

SP: *Saddharmapuṇḍarīkasūtra*, ed. H. Kern and B. Nanjio, St. Petersburg, 1908–1912 (Reprint: Tokyo, 1977).

Sukh.: *Sukhāvatīvyūha*, ed. M. Müller and B. Nanjio, Oxford, 1883.

T.: *Taishō Shinshū Daizōkyō*, ed. J. Takakusu and K. Watanabe, et al. 55 vols., Tokyo, 1924–1929.

Th.: *Theragāthā*, PTS.

凡　例

①歴史的な釈迦牟尼（＝ガウタマ・シッダールタ／ゴータマ・シッダッタ）仏は「ブッダ」とカタカナ表記し、そのほかのBuddhaは「仏」と漢字表記する。ただし、慣用表現は、「ブッダの滅後」ではなく「仏滅後」、「ブッダの弟子」ではなく「仏弟子」、「ブッダの伝記」ではなく「仏伝」と漢字で表記する。また、原語自体を問題にする場合はBuddhaとローマ字表記する。

②仏典名を〈　〉でくくる場合は、その仏典の異訳を含めた総称を意味する。つまり、〈無量寿経〉はインド原典・チベット訳（以下「蔵訳」）・漢訳などをすべて含んだ総称、また『無量寿経』は康僧鎧訳の漢訳経典を意味し、両者を区別する。

③ブッダの涅槃を扱う経には、伝統仏教と大乗仏教とで同名の経典が二種類あるので、前者を「小乗涅槃経」、後者を「大乗涅槃経」と表記して区別する。

④インド語の固有名詞は、基本的にサンスクリット（梵文）名に統一する。両者を併記する場合はサンスクリット／パーリの順とする。また、インド語の漢訳については標準的なものを表記するが、その他の漢訳もあることを断っておく。

⑤サンスクリットの動詞の原形（語根）を表す場合は√（ルート記号）を用いる。

⑥漢数字について、固有名詞化している数字は「第十八願」、単なる数字を表す場合は、「一八歳」などと表記することを基本とする。

⑦漢訳仏典や研究文献の引用では、漢字の旧字を新字に改めている。

⑧引用文内の〔　〕は著書による補足を意味する。また、《　》は考えた内容を意味し、発言内容の「　」と区別する。

第一部

仏（Buddha）

序章　仏教のパンテオン

尊格が複数出現すると、尊格同士の関係が問題になり、その体系が整備される。このような尊格の体系を、ここでは「パンテオン」と呼ぼう。仏教の尊格はブッダに始まるが、長い歴史の中でブッダ以外にも仏が登場し、また大乗仏教になると、さらに多くの仏たちや菩薩たち、それに加えて明王なども誕生した。こうして仏教の尊格は時間をかけて多様化し、賑やかなパンテオンを形成するに至った。

仏／如来

仏教のパンテオンで最上位に位置するのが、仏／如来である。仏と如来は同義だが、一口に「仏／如来」と言っても、仏教の開祖とされる釈迦牟尼仏は歴史上の人物であり、阿弥陀仏や薬師仏、また奈良の大仏で有名な毘盧遮那仏（びるしゃなぶつ）は大乗仏教になってから大乗経典に登場する架空の仏なので、両者はひとまず区別する必要がある。仏教を〝信仰〟する場合、そのような区別は必要ないが、仏教を知的に〝理解〞しようとする場合、この区別は重要だ。大乗仏教以降に登場する諸仏は、第三章でとりあげる。

複雑多岐にわたる仏教のパンテオンも、その濫觴（らんしょう）は仏教の開祖たるブッダであり、またさまざまな呼称が存在するので、まずは彼の名前について整理する。古代インドの標準語はサンスクリットと呼ばれ、初期の経典はその方言の一種であるパーリで伝承された。一般にブッダの本名は、サンスクリットではガウタマ・シッダールタ、パーリではゴータマ・シッダッタと言う。ガウタマ（姓）は「最高の牛」、シッダールタ（名）は「目的を成就した人」の意である。

しかし、日本では「お釈迦さま」という呼称が一般的だ。この「釈迦」とは彼が属していた部族の名前「シャーキャ族」に由来し、これを中国人は「釈迦」と音訳した。この部族名の後ろに「牟尼」を付して「釈迦牟尼」と言う場合がある。「牟尼」とはサンスクリットの「ムニ」を音訳したもので、「聖者」を意味するから、「釈迦牟尼」とは「釈迦族の聖者」を意味する。

また、この後ろに「世尊（せそん）」を追加し、「釈迦牟尼世尊」と呼ぶこともある。「世尊」は「バガヴァット」を意訳したもので、文字どおり「世にも尊い人」を意味する。こうなると、かなり長くなるので、最初と最後の一文字だけをとり、「釈尊」という呼称が誕生する。一般書でブッダは「釈尊」と呼称されることが多いようだ。なお、「仏」や「如来」などの意味内容については第二章で詳説する。

菩薩

歴史的に「菩薩」の観念は「仏」より遅れて成立した。本来、仏教は自己と対峙し、自己の内心をみつめ、真理に目覚めて心のあり方を変容することで苦からの解脱をめざす宗教だった。しかし、生産活動に携わらない出家者は在家者の経済的援助(布施)なしには生活できなかったので、在家者の獲得という意味でも、ブッダ(あるいは仏教)に対する信仰を在家者に勧めることは重要だった。こうして仏滅後、ブッダは信仰の対象として神格化されていく。

ブッダの神格化にともない、ブッダの覚りも神格化される。ブッダが覚りを開いたのは、今生での六年間の修行の成果だけで達成されたのではなく、過去世からの修行の成果の賜と理解された。古来よりインドには輪廻思想があったので、ブッダは輪廻を繰り返しながら、ずっと修行を積み重ね、その集大成として今生での六年間の修行により、ブッダは覚りを開いたと考えられた。

こうして、修行時代のブッダは「菩薩」と呼称されるようになる。菩薩とは「覚りを求める衆生（しゅじょう）／覚りが確定した衆生」を意味するが（後述）、ブッダは過去の生涯で人や動物に輪廻しつつ、菩薩としてさまざまな修行を積み重ねることになる。

菩薩の観念が誕生した当時、菩薩はブッダの本生（ほんじょう）（過去の生存）しか意味しなかったが、大乗仏教の時代を迎えると菩薩の観念に変化が生じ、大乗仏教徒はブッダを模範に覚りをめざす自分たちを「菩薩」と称するようになる。また大乗経典には、観音菩薩などのように、その働きにおいては仏と何ら変わらないような菩薩も登場するようになるので、菩薩の理解が難しくなる。本書ではこれを、本生の菩薩（ブッダの本生）、向上の菩薩（大乗仏教徒）、そして向下の菩薩（衆生の救済者）と三つに分け、第四章でとりあげる。

菩薩は覚りを開く前の段階であるから、仏教のパンテオンにおいては、仏の一段下に位置づけられる。

明王

インドに大乗仏教という新たな動きが生じたのは、紀元前後であった。そして一二〇三年、ヴィクラマシーラ寺院がイスラム教徒に破壊され、インドで仏教が消滅するまでの間、大乗仏教は多様な変化を遂げたが、その中でも密教の誕生は大きな変化だった。インドの正統宗教バラモン教とインド土着の宗教から誕生したヒンドゥ教の影響もあるが、従来の仏教とは大きく様変わりした仏教（密教）がインドに誕生した。

ブッダ以来、苦の原因となる欲望や煩悩(ぼんのう)をいかにして抑制・制御するかが苦からの解脱のポイントとなるが、密教はその欲望のパワーを逆手にとり、逆にその力を利用して覚りをめざそうとした。よって、密教では性的な行為を認めたり、性的な行法を修行に導入したりすることもある。

この理屈に従えば、「怒り」さえも抑制の対象ではなく、衆生を教化(きょうけ)する力として活用されることになる。明王の特徴は、その憤怒(ふんぬ)相にある。不動明王に代表されるように、明王は仏教に帰依しない者や仏教に敵対する者たちに憤怒の相を現して威嚇し、調伏(ちょうぶく)する役目を担う。したがって、その姿は、背後に火炎を従え、髪は怒りで逆立ち、さまざまな武器を手にして表現される。

では、明王とはいかなる存在か。明王は仏の化身とされる。たとえば、不動明王は密教の中心的な仏である大日如来の化身だ。密教では仏が教化する対象に合わせて三種類の姿をとる。すなわち、自性輪身(じしょうりんしん)（本来の姿）、正法(しょうぼう)輪身（正法を護持するためにとる菩薩の姿）、そして教令(きょうりょう)輪身（もはや菩薩の身を以てしては度しがたい衆生を導くためにとる憤怒相の明王の姿）であり、これを三輪身と言う。

明王には不動明王のほかに、降三世(ごうざんぜ)明王、大威徳(だいいとく)明王、金剛夜叉(こんごうやしゃ)明王、そして軍荼利(ぐんだり)明王などがいるが、いずれも仏の教令輪身とされる。彼らの役目は衆生の教化であるから、菩薩と同等にみなしてもよいと思われるが、その対象は衆生の中でも導きがたい衆生であるから、自ずとその相は「憤怒」となるので（下松［1987］）、これがこの尊格を菩薩とみなす大きな障壁となったのではないか。

伝統的に仏や菩薩の本性は「慈悲」として定着していたので、衆生教化のためとはいえ、憤怒相を現した尊格を「菩薩」とみなすには抵抗があり、仏の化身、すなわち「明王」という新たな呼称が誕生したと考えられる。よって、明王の思想的基盤はつぎにみる「天部（神）」とはまったく異なるが、すでにみた菩薩とは親和性がある。

天部

仏・菩薩・明王の三つは仏教内部に起源を持つ尊格だが、天部（神）は仏教外部に由来する尊格であり、仏教がインドにおいて教線を広げるさい、インド土着の神々を仏教内部に取り込み、仏教のパンテオンの中に位置づけた。

その筆頭はバラモン教の最高神ブラフマン（梵天）と神々の主インドラ（帝釈天）の二神であり、また東南西北の四方を守護する四天王、すなわち持国天（東）・増長天（南）・広目天（西）・多聞天（北）も仏教を守護する神として位置づけられる。この中でも多聞天は単独でも信仰の対象となる。その場合、呼称は毘沙門天に変わり、日本では七福神の中にも取り込まれている。その七福神には弁財天も含まれるが、これはインドの女神で、インド神話ではブラフマンの妃ともされる。技芸や勉学の神として日本でも信仰されている。

神と仏

ではここで、神観念を整理しておこう。そもそも一神教の神と多神教の神では、その意味内容が決定的に異なる。一神教において人は神には絶対になれないが、多神教では人が神になることは可能だ。多神教の国である日本やインドをみれば、それは明らかであろう。今、勢力的にはセム系の一神教（ユダヤ教・キリスト教・イスラム教）が世界を席巻しているが、古代においては、多神教の方が一般的であった。

世界の多くの民族は人間を超えた存在を認め、それを何と呼ぶかは別にして「神的なもの」を崇拝してきた。人間はいつか必ず死ぬので、どれほど自分の思いどおりに生活してきた独裁者でさえも、最後は死にのみこまれてしまう。また自然の脅威は人間の力では制御できないので、どうしても人間を超えた存在を想定せざるをえなくなる。こうして神格あるいは尊格は信仰の対象となり、世界にさまざまな宗教が誕生した。

そんな中、インドで誕生した仏教は特異な発展を遂げた。というのも、仏教は神の存在を認めるが、神の存在意義は認めないからだ。幸不幸を決める要因は外（神など）ではなく、内（心の持ち方）にあると考えた。だから、仏教は神の存在意義を認めない。

世界を貫く理法に目覚め、心のありようを転換すれば、苦しみから解脱できるとブッダは考えた。だが、それを建前とする仏教も、実際の在家者の信仰レベルでは神を取り込み、それに基づく信仰習俗を発展させた。とくに日本では、神仏習合により、具体的で身近な神を通して抽象的な仏にアプローチするという信仰が構造化され、以来、神と仏の概念はより一層曖昧なものとなっていく。

これ以外にも、日本の場合は、宗祖や高僧といった存在も尊格とみなされ、信仰の対象となるが、本書ではとりあげない。また本書では、四つの尊格のうち、仏と菩薩にかぎって解説する。三番目の明王はある意味で菩薩の一形態であるし、天部は仏教内部に起源を持たないからだ。仏と菩薩を理解すれば、仏教という宗教の大枠、そして初期仏教（伝統仏教の初期段階）から大乗仏教への大まかな流れは理解できよう。

仏教パンテオンの舞台：インド仏教史概説

序章の最後に、仏教のパンテオン、とくに本書で扱う仏と菩薩が活躍する舞台となったインドの仏教史の大枠を確認しておく。

インド仏教の歴史をどう区分するかは大きな問題だ。紀元前五世紀頃、ブッダは覚りを開いて教団を組織したが、仏滅後一〇〇年（あるいは二〇〇年）後、和合を保っていた教団はブッダの教えの解釈をめぐって、保守的な上座部と革新的な大衆部とに分裂した（この分裂した集団を「部派（ぶは）」と呼ぶ）。その後、教団はさらなる分裂を繰り返し、最終的に一八～二〇の部派が林立した。

そして紀元前後、大乗仏教という新たな仏教が誕生する。最初期の大乗仏教は経典創作活動として始まり、独自の教団を組織したわけではなかった。大乗教団が伝統的な教団から独立するようになるのは五世紀前後以降のことである。

これをふまえ、インド仏教を、初期仏教・部派仏教・大乗仏教と区分することもあるが、この時代区分には問題がある。教団が分裂した時点で初期仏教は終わるので、初期仏教から部派仏教の時代に入ったというのは問題ないが、部派仏教から大乗仏教へという場合、部派仏教の時代が終わって大乗仏教の時代が始まったわけではない。

むしろ、さまざまな部派が林立し活発に活動する中、その部派内の出家者たちがそれぞれ個別の大乗経典を創作した。そして、経典創作活動として始まった大乗仏教は五世紀前後以降、伝統教団から独立し、独自の教団を形成した。ともかく、本書では大乗仏教興起

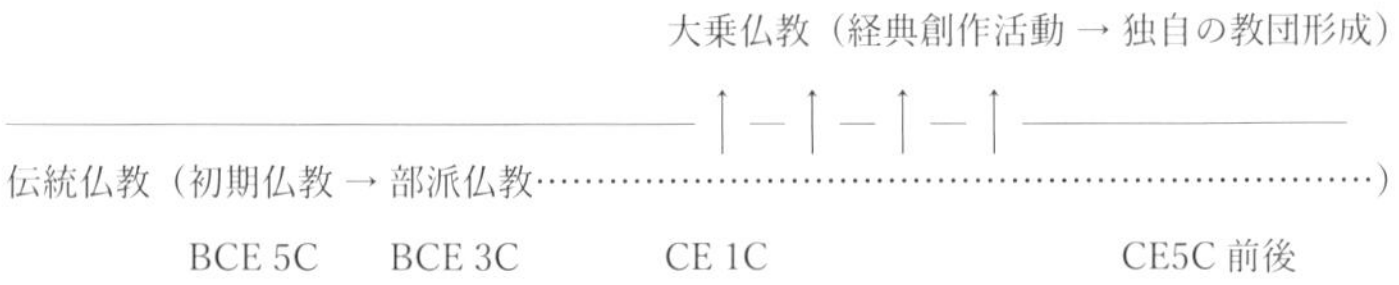

大乗仏教（経典創作活動 → 独自の教団形成）

伝統仏教（初期仏教 → 部派仏教……………………………………………………）

BCE 5C　BCE 3C　CE 1C　CE5C 前後

以前の仏教、および大乗仏教の母体となった仏教（初期仏教↓部派仏教）を「伝統仏教」と呼ぶことにする。伝統仏教を「地」とし、そこに「図」として浮かび上がる大乗仏教を図示化すると、上記のとおり。

さらに、大乗仏教を考える上で重要な「三乗／一（仏）乗」について整理する。大乗という新たな仏教を標榜し、菩薩乗という自らの立場を際立たせるために、大乗教徒は旧来の伝統仏教を「声聞乗と独覚乗（「縁覚乗」とも言う）」と命名した。声聞はブッダの声（教え）を聞いて修行した仏弟子、独覚は無師独悟で解脱した者を指すが、大乗経典の中でも最初期に創作された般若経類や〈維摩経〉はこの二乗を「小乗」と蔑称した。とくに〈維摩経〉は小乗仏教の二乗を「敗種（腐った種）」に喩え、覚りが発芽しない教えと酷評する。

小乗の二乗（声聞乗・独覚乗）と大乗の菩薩乗を合わせて「三乗」と言うが、同じ大乗でも、〈法華経〉は「一（仏）乗」を標榜した。なぜか。般若経類や〈維摩経〉の大乗は「大小対立の大乗」だが、これでは小乗仏教は一方的に捨てられ、小乗教徒を救済できない。とくに二乗を「敗種」として斥ける〈維摩経〉では、完全な大乗とは言えない。この反省に立ち、真の大乗は二乗をも救うべきと考え、〈法華経〉は「一切皆成仏」を説く一（仏）乗の教えを主張したのである（平川［1983］）。

第一章　ブッダの生涯

まずは、仏教パンテオンの出発点となった仏教の開祖ブッダの説明から始めよう。後に神格化されるが、本来ブッダは我々と同じ生身の人間であり、まずは「人間ブッダ」という視点からブッダの生涯をみていく。平岡［2010］に基づき、人間として生まれ、人間として死んでいくブッダの生涯を紹介し、つぎにその内容を学問的に解釈する。

一．仏伝の内容

「歴史的ブッダ像」は可能か

ブッダは今から約二五〇〇年前に活躍した。ブッダを架空の人物と結論づけた西洋の研究者もいたが、ここでは歴史上の人物と考える。とはいえ、その歴史的実像に迫るのは極めて困難だ。その理由はいくつかあるが、その主だった要因を挙げれば、伝承の問題と編集の問題に集約できる。では伝承の問題から考えてみよう。

聖書と同様に、経典はブッダ自身が書き記したのでも編纂したのでもない。ブッダは各地方に出かけ、相手に応じてさまざまな教えを説いた。仏滅後、残された弟子たちが集まって聖典編纂会議（結集）を開き、自分たちが見聞きしたブッダの行動や教えをまとめたものが経典だ。つまり経典とは、仏弟子が編纂したブッダの言行録なのである。だから経典の冒頭は「如是我聞（是の如く我れ聞けり）」で始まる。

また「経典」といえば「経巻などに書き記されたもの」を想起するが、それは仏滅後、三〇〇年以上後代のことであり、それまで経典は話し言葉で伝承された。これを「口伝」と言う。話し言葉にせよ書き言葉にせよ、人から人へと伝承される過程では「言い間違い／聞き間違い／書き間違い」の可能性が発生する。

伝言ゲームのように、参加する人間が多いほど、原形の変容の度合いは激しい。さらには、この間違いに「意図的」なものと「無意図的」なものとが混在し、それを峻別するのは極めて難しくなる。とすると、現在、我々の手元にある経典の記述は最初期の伝承の内容からかなり変容している可能性があり、そこから史実を掘り起こすのは至難の業である。これが第一の問題点だ。

つぎに編集の問題。伝承の問題と相俟って、事態を複雑にしているのが、資料の作成やその伝承の過程で行われる「編集」というプロセスだ。経典はブッダという歴史的人物の言動を弟子たちが見聞して伝承したものだから、ブッダの言動を耳で聞き、目でみ、肌で感じた直弟子たちの〝脳〟というフィルターを経由し、それが「声」という媒体を通じて、つぎの世代の弟子たちに伝えられ、またそれが弟子たちの脳を経由して、さらに「声」あるいは「文字」で伝えられていく。

このように、歴史的ブッダは一人でも、それを解釈する弟子たちは複数存在するから、そこには複数の「ブッダ像」が存在することになり、何を以て、あるいは誰の解釈を以て「歴史的」とみなすかが問題になる。自分の行動すら、自分の脳で解釈された「自我像」であり、「無意識」の編集を受けていないとは言えない。

とすれば、「歴史的ブッダの生涯」を明らかにする作業は頓挫してしまうので、ここではブッダ像を便宜的に二つに分ける。「歴史を作ったブッダ」と「歴史が作ったブッダ」である。前者を究明するのはほぼ不可能だが、後者のブッダ像であれば、現時点でもアクセス可能である。経典に書かれていることを確認すればいいからだ。

神話の非神話化

とはいえ、経典の記述をそのまま紹介するのも芸がない。経典には神話的記述が横溢する。たとえばブッダの誕生に関連し、母マーヤーの右脇からの出産や、生まれてすぐに七歩歩いて言葉を喋ったなどの記述がみられる。これぞ「歴史が作ったブッダ」の真骨頂だが、いくら「歴史を作ったブッダ」の究明は放棄すると言っても、このような神話的記述を鵜呑みにすることには抵抗があろう。そこで本書では経典を「文学作品／宗教文学作品」としてとらえ、〝神話の非神話化〟を試みる。

初期の経典は、ブッダの言動を弟子たちがただ客観的に描写したと言うに留まらず、そこにはさまざまな修辞が施され、文章表現上の技巧が凝らされている。神話的表現、象徴的表現、擬人化表現など多種多彩だ。このような表現に出くわしたとき、重要なのはその表現をそのまま受け取るのではなく、その表現の背後に目を向けることである。

ブッダの誕生に関して言えば、「右脇」や「七歩」の象徴的意味を考える。そうすることが合理的理解につながり、神話を非神話化できる。ただ、ここで忘れてはならないのは、仏伝などの仏典が単なる文学作品ではなく、〝宗教〟文学作品であるという点だ。近代的・合理的・科学的知性に基づいて古代の宗教文献を解釈解体し、神話を非神話化することでその全貌を理解し尽くしたと考えるべきではない。

宗教は合理を超えた領域に関わる。合理とだけ関わるなら、宗教は必要ない。〝信仰〟の次元ではこのような神話的記述は大きな意味を持つことを認識した上で、本書では神話の非神話化を試みる。だが、その解釈はあくまで一つの解釈であり、視点を変えれば別の解釈もありうることを認めつつ、妥当な解釈を提示しようと思う。

ブッダの生涯

王子誕生　ヒマラヤ山麓で共和制に基づいた小国を形成し、カピラヴァストゥを首都とするシャーキャ（釈迦）族の王シュッドーダナと、その東隣のコーリヤ族から嫁いだマーヤーとの間にブッダは誕生した。生母マーヤーは白象が天から自分の胎内（右脇）に入る夢をみて懐妊。臨月が近づくと、マーヤーは故郷コーリヤへ向かったが、その途中のルンビニー園で休息をとり、そこに咲いていたアショーカ樹の一枝を折ろうと右手を伸ばした瞬間に産気づき、右脇からブッダを出産した。生まれたばかりのブッダは四方に七歩歩き、「天上天下唯我独尊」と宣言した。

誕生後、王宮に連れてこられたブッダをみて喜んだ父王は、バラモンたちを呼び寄せ、王子の将来を占わせた。その中のアシタ仙はブッダが三二の偉人相を具えているのをみて、「王家に留まれば武器を用いず法を用いて世界を征服する転輪王になるし、また出家すれば衆生を救済する仏になるだろう」と預言した。この占相の後、ブッダは「シッダールタ（目的を成就した人）」と命名された。一方、生母マーヤーはブッダを出産してから一週間後に亡くなり、その後はマーヤーの妹マハープラジャーパティーが養母としてブッダを育てた。

青年時代　王子として生まれたブッダは衣食住に何不自由なく宮殿で暮らしていた。絹の衣を身につけ、冬・夏・雨期の季節に合わせて、三つの宮殿が造られ、また白米と肉の食事を楽しんだが、外見的には満ち足りた生活をしていても、内心は老病死に由来する苦に心を痛め、その贅沢な生活も空虚なものであった。

あるとき、ブッダは従者を従えて都城の東門から出ていくと老人に出会い、自らも老いの定めからは逃れられないことを知ると、老いの苦に打ちひしがれる。同様に南門では病人に、また西門では死人に出会い、病苦や死苦からも逃れられないことを知って、さらに心を痛めた。そして最後に北門から出たとき、沙門（しゃもん）（出家修行者）に出会い、自らも沙門として出家することを決意する（四門出遊（しもんしゅつゆう））。

宮殿での生活に悶々としながらも、一六歳か一七歳の頃、ブッダは生母マーヤーと同じコーリヤ族からヤショーダラーを娶っていた。そして二人の間に男児が誕生し、「ラーフラ」と命名された。出家を考えていたブッダに息子誕生の知らせが届いたとき、「〈私の出家に」障害（ラーフラ）が生じた」と言ったことが、この名前の由来とされる。

出家求道　ブッダは老病死という人生の根本問題を解決すべく、あるいは老病死に代表される苦から解脱するため宮殿での生活を捨て、二九歳のときに出家の生活に身を投じた。従者チャンダと愛馬カンタカとを連れ、夜中密かに宮殿を抜け出て東に向かい、ガンジス川を渡ってマガダ国の首都ラージャグリハに到着した。

ここでブッダは禅定（ぜんじょう）を修する二人の仙人に師事した。まずはアーラーダ仙である。ブッダは彼のもとで「無所有処（むしょうしょ）」という禅定を修得した。アーラーダ仙はブッダの非凡な才能を知り、二人で弟子たちを統率しようと申し出るが、ブッダはそれが覚りの道にあらずと考え、彼の申し出を断ると、つぎにウドラカ仙に師事し、さらに高次の禅定「非想非非想処（ひそうひひそうしょ）」を修得した。彼もブッダの優れた才能を知り、アーラーダ仙と同じ申し出をするが、ブッダは同じ理由でこれも断った。いずれの禅定も老病死の苦からの解脱には役立たなかったからである。

つぎにブッダは苦行を実践した。ラージャグリハの西方にはナイランジャナー川があり、その川に沿ったウルヴィルヴァー地方にある苦行林（くぎょうりん）で、五人の仲間と一緒に苦行生活に入った。だが六年の苦行にもかかわらず、自らの目的が達成されなかったブッダは苦行も放棄した。苦行で疲労しきっていたブッダはまずナイランジャナー川で沐浴（もくよく）し、村娘スジャーターから施された乳粥を口にして気力と体力とを取り戻したが、それをみていた五人の修行者はブッダが奢侈に堕したと考え、彼を見捨ててベナレスへと去る。

降魔成道　気力と体力を回復したブッダはアシュヴァダッタ樹の根元に農夫からもらったムンジャ草を敷き、目的を成就するまでは決してその座から立たないという誓いを立てて、そこに坐った。するとそこに悪魔が現れ、ブッダの覚りを妨害しようとしたが、悪魔の誘惑を斥けたブッダに、いよいよ覚りの瞬間が近づく。

「四門出遊」に代表されるように、出家の原因は老病死の苦から解脱することだったから、ブッダは「何を縁として老死が起こるのか」と問い、「生を縁として老死が起こる」と、老死の根拠を生に求め、この「縁として起こる」という「縁起」の思考を繰り返すことで、「老死→生→有→取→愛→受→触→六処→名色→識→行→無明」という因果関係から、最終的に「無明」の存在を突き止め、この無明を止滅させることで老死の苦が止滅することを覚った。これを「十二支縁起」と言う。

梵天勧請　こうして覚りを開いたブッダは、成道後、さまざまな樹の下で、七週間、結跏趺坐して解脱の喜びを味わっていたが、この間の出来事として重要なのが、ブッダの説法決意を説明する「梵天勧請」である。成道後の瞑想の中で、ブッダは《苦労して私が覚ったことを、今、説く必要があろうか。貪と瞋に負けた人々が、この法を覚るのは容易ではない。これは世の流れに逆らい、微妙であり、深遠で、見難く、微細であるから、貪に染まり、暗闇に覆われた人々はみることができない》と考えた。

それを知ったバラモン教の最高神である梵天は、このままではこの世が滅びると考え、ブッダの前に現れると、「尊師は法をお説き下さい。この世には生まれつき汚れの少ない衆生がいます。彼らは法を聞かなければ衰退しますが、聞けば法を覚るでしょう」と言った。

初転法輪 説法を決意したブッダは、最初の説法を行う相手として、かつての師匠アーラーダ仙とウドラカ仙を思いついたが、両人はすでに死亡していたことを知る。そこでブッダは、苦行時代の五人の仲間に説法することを思いつく。ブッダは彼らのいるベナレスに赴いたが、五人の仲間はブッダが奢侈に堕したことを根に持ち、ブッダが来ても歓迎しないという協定を結んだ。しかし、ブッダの威光に打たれ、知らぬまに皆、ブッダを手厚く歓迎していた。こうしてブッダの最初の説法（初転法輪）が始まる。

ブッダはまず、快楽の生活と禁欲の生活という両極端を離れた「中道」を、つづいてその中道の具体的内容として「八正道（正見・正思・正語・正業・正命・正精進・正念・正定）」を、そして最後に苦諦・集諦・滅諦・道諦からなる「四（聖）諦」を説いた。すると、カウンディンニャをはじめとする五人の仲間はこれを聞いて真理に目覚め、ブッダを含めて六人の阿羅漢が誕生した。この後、ベナレスの長者の子ヤシャスもブッダの教えに会い、出家を願い出て比丘（男性出家者）になると阿羅漢になり、またヤシャスの友人四人も出家し、阿羅漢になった。

伝道教化　この後も仏伝として指摘すべき出来事は多いが、その主要なもののみを簡略に示す。出家者は生産活動に携わらなかったので、衣食住に関する物質的な援助は在家者の布施に頼らざるをえなかったが、徐々に拡大する仏教教団に頼もしい在家者が現れた。それがマガダ国王のビンビサーラである。彼は自分が所有する竹林を教団に精舎として寄進した。

彼と並んで教団に多大な貢献をしたのがコーサラ国の富豪スダッタである。彼は身寄りのない者に食事を給したので、アナータピンダダ（給孤独）長者とも呼ばれているが、彼も縁あって仏教在家信者となり、祇園精舎を教団に寄進したので、マガダでは竹林精舎が、またコーサラでは祇園精舎が伝道の拠点となった。

つぎに仏弟子の獲得であるが、ブッダの神変によって回心したカーシャパ三兄弟は仏弟子となり、六師外道の一人サンジャヤの弟子であったシャーリプトラとマウドガリヤーヤナもブッダの教えに触れて弟子たちを連れて出家した。またマガダ国出身のカーシャパも仏弟子となっているが、前出のカーシャパ三兄弟と区別するために、彼はマハーカーシャパと呼ばれた。頭陀行者として有名であり、またブッダの衣の継承者として重要な位置を占める弟子で、ブッダに信頼され、第一結集（最初の聖典編集会議）では経典の編纂を行った。

また正確にいつかは定かでないが、教団を組織したブッダは故郷のカピラヴァストゥを訪問している。そのとき、多くのシャーキャ族の子弟が出家したと伝えられ、この中には異母兄弟のナンダ、実子のラーフラ、王族に仕える理髪師で後の第一結集では律蔵を誦出したといわれるウパーリ、破僧を企てたデーヴァダッタ、そして愛弟子アーナンダも含まれている。

悪人二人　仏弟子には個性的な人物が数多く登場するが、その一人にアングリマーラ（指蔓）が挙げられる。彼は大通りで通行人を殺してはその指を切り落として首輪を作っていたのでその名が付くほどの悪人であった。その悪人をブッダは見事に教化し、後に彼は阿羅漢になっているが、ブッダによる大悪人アングリマーラの教化譚は教祖の徳を高揚し、仏教を広める上で大いに役立ったと考えられる。

またブッダの生涯における大事件の一つは、デーヴァダッタによる教団の分裂であろう。彼はブッダ殺害を目論んでさまざまな手段を講じたが、いずれも失敗に終わり、ついに彼は四人の同志とブッダに五カ条の要求（阿蘭若住〔森に住すること〕・樹下座・乞食・糞掃衣（え）・離肉食）を提出するも聞き入れられず、仲間を募って教団を分裂させた。しかしその後、シャーリプトラとマウドガリヤーヤナはデーヴァダッタに従った比丘らを連れ戻し、デーヴァダッタは思いを遂げられず、熱い血を吐いて死に、地獄に再生した。

入般涅槃（にゅうはつねはん）　最後の旅は出家のときとは逆の道、すなわちラージャグリハから故郷のカピラヴァストゥに向けてであった。その途中、ブッダはボーガ城で鍛冶屋チュンダから食事の供養を受けたが、その時に食べたものが「干した豚肉」とも「茸」とも言われ、これを食してブッダは激しい腹痛に見舞われた。苦痛に耐えて旅を続け、クシナガラに到着したが、ここがブッダの入滅の地となる。

ブッダは「すべての事象は過ぎ去る。怠ることなく修行を完成させよ」と遺言して入滅し、八〇歳の生涯を閉じた。遺体は茶毘（だび）に付されたが、遺体には火がつかなかった。一週間後、ブッダ入滅を聞いて駆けつけたマハーカーシャパが遺体を礼拝すると、ようやく遺体に火がつき、完全に焼けて舎利（しゃり）（遺骨）だけが残った。ブッダの入滅を知った人々が各地から集まり、舎利はブッダと縁のあった者たちに平等に八分され、彼らは舎利を持ち帰って舎利塔を建立した。

二．仏伝の解釈

フィードバック手法

仏伝を研究するさいに意識しておくと便利なのが「フィードバック」という手法である。仏伝は歴史的ブッダに伝記作成担当の比丘が常時張り付き、その言動を書き記した産物ではない。仏伝作者はブッダの誕生から入滅までをすべて知った上で、つまりブッダの全生涯を頭に入れた後に誕生から入滅までを叙述していくので、ブッダの生涯では未来に起こることが過去に反映されることがある。ブッダの名前を例に取ろう。

彼の名は「目的を成就した」を意味する「シッダールタ（Siddhārtha）」として知られているが、これを確実に史実とみなすには問題がある。なぜなら、彼の名前を「サルヴァールタシッダ（Sarvārthasiddha）」とする資料もあるからだ。いずれにせよ、これはブッダが覚りを開いて自己の目的を成就したことからフィードバックされて命名されたと考えることもできる。

ブッダの母の名は「幻」を意味する「マーヤー（Māyā）」だが、これもブッダを出産後一週間で亡くなったという伝承からフィードバックされた名前と解釈することもできよう。

これらの名前が史実ではない証拠もないが、確実に史実とみなしうる根拠もない。

ブッダの誕生直後、七歩歩いて「天上天下唯我独尊」と宣言したという話も、ブッダが成道後、ベナレスに向かう途中で異学のウパカに述べた言葉に見出されるから、この記事を後の伝記作者が、誕生時の発話に転用したとも考えられる（水野［1985］）。またアシタ仙の「転輪王になるか仏になるか」という占相も、ブッダが仏になったという結果をフィードバックして創造された挿話とみることができる。

出家の原因も比較的古い資料は「老病死に代表される苦からの解脱」ととらえるが、後代の資料は「一切衆生の利益のため」とするので、これも結果として衆生を利益したことが、出家の動機や覚りの目的にフィードバックされている。覚りの内容を十二支縁起説とする資料も、後代に十二支縁起説が教理として体系化された後に、覚りの内容として仏伝に組み込まれたと考えられる。

象徴的表現

これはブッダの誕生に前後して多くみられる。たとえば、白象がマーヤーの胎内に入る夢をみて妊娠したという霊夢托胎、右脇からの誕生、また誕生後直ちに七歩歩いたとする記述だ。このような表現は何を象徴しているのか。

夢では荒唐無稽なことは起こりうるので、マーヤーがこのような夢を実際にみたことは否定できないが、ここではこれを心理学的観点から解釈した太田［1997］の説を紹介しよう。ユングの分析心理学では、象はグレートマザーの象徴であり、母親の役割（マターナルロール）を非常に大きく描き出したときに象のイメージが出ると言う。しかもそれが白いわけであるから、それは「聖性」を意味し、発想を豊かにすれば「受胎の瞬間」という意味も込められているのではないかと解釈する。

次は右脇からの誕生。マーヤーはルンビニー園でアショーカ樹の一枝を折ろうと右手を伸ばした瞬間に産気づき、右脇からブッダを出産したとされる。女性が右手を上に伸ばして花を摘むというポーズはインドでは美人を象徴するポーズで、民間信仰の女神がよくこの姿で表現されることから、長尾［2001］は、仏教徒もブッダの母にこのポーズを適用したために、右脇からブッダが誕生したと解釈する。

これとは別の解釈もある。それはバラモン教の聖典『リグ・ヴェーダ』に「彼の口はブラーフマナ（バラモン、祭官階級）なりき。両腕はラージャニア（王族・武人階級）となされたり。彼の両腿はすなわちヴァイシア（庶民階級）なり。両足よりシュードラ（奴隷階級）生じたり」とあるように、四姓の起源を原人プルシャの身体に関連づけて説く伝説があり、これに「右は浄、左は不浄」というインドの習俗を考えれば、王族であるブッダは右腕（右脇）から誕生したことになる。

仏典は文学作品であり、さまざまな修辞が施されているから、「ブッダは王族に生まれた」と直接表現するよりは、この伝説をふまえて「ブッダは右脇から生まれた」と間接的に表現した方が、異化された印象的表現となる。つまり、右脇からの誕生は、ブッダのカーストが王族（クシャトリア）であることの象徴的表現と解釈できるのである。

また、梵文（ぼんぶん）の仏伝資料『ブッダチャリタ』は「この子の誕生たるや（古の名君、勇者のそれのごとく尋常ならず）、あたかもアウルヴァが（母の）腿より、プリツが手より、帝釈天に比肩すべきマーンダートリが頭より、またカクシーヴァットが腋の下から生まれたのと同じような仕方であった」とし、偉人の誕生は尋常ではないというインドの伝説より、脇からの誕生を説明する。

最後に即行七歩の伝承。常識的に考えれば、生まれたばかりの赤ん坊が歩けるはずもなく、古い資料にはこの記述がないので、これは明らかに神格化された記述だ。では「七」は何を象徴しているのか。また七歩「歩いた」ことは、どう解釈できるか。

伝統的な解釈では、七歩歩くことで「六道（ろくどう）」という輪廻を超越したことを象徴していると言う。「天上天下唯我独尊」に相当する部分はパーリでは「私は世界の中で最高者であり、最勝者であり、第一人者である。これは私の最後の誕生であり、もはや再び生まれることはない」とあり、これ以上輪廻しないことを宣言しているので、これを「七歩歩くこと」で象徴的に表現しているとみることができる。

ただし、輪廻の領域を、地獄・餓鬼（がき）・畜生・阿修羅（あしゅら）・人・天の六道とする部派もあれば、阿修羅を除いた五道とする部派もあるので、五道輪廻を説く部派については、この解釈は当てはまらない。ともかく、これも先述のフィードバック手法に基づき、誕生後に起こった輪廻からの解脱を先取りして説いている。

では別の観点からこの問題を考えてみよう。古代インドにおける数の象徴性を読み解くという研究を行っている松濤（まつなみ）［1983］によれば、数字は「数量」的な意味を持つと同時に「象徴」的意味も持っており、このような観点から松濤は古代インドの文献を渉猟し、ブッダの即行七歩には触れていないが、数字の「七」が持つ象徴的意味を考察する。

それによれば、「三」と同様に「七」は「不滅」と関連して説かれることが多く、無限性・絶対性・超絶性を意味する凝結した数であると言う。仏伝資料『マハーヴァストゥ』には「三歩で三界を余りなく超越し」という表現もみられるが、これも同じ趣旨の記述と考えられる。また「七歩」に関しては、『リグ・ヴェーダ』に「ヴィシュヌが大地の七つの〈神的力が発露する〉場所を通して歩んだ」という記述があること、また祭祀の上では、結婚式において夫と妻とが七歩歩む儀礼があることを指摘する。

数字の「七」が無限性・絶対性・超絶性を象徴しているとすれば、ブッダ誕生後の即行七歩は、ブッダの神格化が進む中で、彼の存在の「不滅」なること、すなわち超絶性を象徴するという意図の下に創作されたと解釈できる。これとは別に、氏族または種族に固有な宗教の延長線上に仏教の誕生をとらえようとする宮坂［1971］は、仏教興起時代に夜叉神の祠に誕生の宮参りが行われていたとし、この即行七歩の儀礼は氏族社会における誕生に関する儀礼であると指摘する。

心理的描写

成道を挟んで、仏伝は降魔と梵天勧請を説くが、いずれも心理的描写ととらえれば、仏伝は今までとは違った様相を呈する。では、降魔からみてみよう。

悪魔の軍勢には一〇種あったが、その内容は、①欲望、②嫌悪、③飢渇、④妄執、⑤憂鬱と眠り、⑥恐怖、⑦疑惑、⑧偽善と強情、⑨誤って得られた利得・名誉・尊敬、⑩自己を褒め他者を貶すこと、であった。また別の伝承にある悪魔の三人娘の名前は「愛執／不快／快楽」であったから、これらが煩悩を象徴していることは明らかだ。つまり悪魔は煩悩の異名であり、煩悩を象徴しているのである。

これに基づき、奈良［1988］は「悪魔のささやきをブッダの欲望、煩悩のささやきと置き換えてみると、人間ブッダの内なる心がみえて、大変に親しみがある」と指摘する。六年間苦行しても、己が目的を達成できなかったブッダにとって、「生きよ。生きてこそ、諸々の善も実践できるというもの」云々という悪魔の囁きが、修行を止めて王族に戻りたいというブッダ自身の弱い心から発せられたと考えれば、非常に人間くさい心理的葛藤として降魔を理解できる。

奈良によれば、一般に煩悩の「滅」と訳される「ニローダ」は本来「抑制」を意味するので、成道後に悪魔が現れても不思議ではないし、実際に仏典には成道後も悪魔がブッダの前に現れる。煩悩を象徴する悪魔が成道後も姿を現すということは、逆に言えば、覚っても煩悩自体は消えてなくならず、その都度その都度、制御されるべきものと考えられていたことを物語っている。

そして奈良は「覚りを開き、教化に寧日(ねいじつ)ないブッダに、こうして煩悩のゆらぎが起きている。恐怖、物品の壊されることへのおそれ、説法している時にふとしのびこむ自信喪失のきざしなどは、事実、ブッダの心におこったのであろう」と言う。事実はどうあれ、ブッダに近づく悪魔を心理描写として解釈すれば、我々に近い存在としてブッダを身近に感じることができよう。

梵天勧請も降魔と同様に、ブッダの精神的葛藤と解釈できる。ブッダの心中では、「世間の者が自分の覚った深遠なる法を理解できるとは思えないので、説法しても徒労に終わるだろう」という弱気な心と、「説法すればそれを理解できる者もいる」という強気な心とのやりとりが鬩ぎ合い、これが梵天勧請の底流をなしていると解釈できる。

さらに、この挿話には戦略的な意図も織り込まれている。ここでの登場人物は、覚ったばかりで教団もまだ組織していないが、しかしこの後、教団を組織して教祖となるブッダと、インドに侵入して以来、アーリア人が正統宗教として築いてきた伝統あるバラモン教の最高神ブラフマンという対照的な二人である。しかも、伝統あるバラモン教の最高神ブラフマンが、覚ったばかりのブッダに頭を下げて説法を依頼するという場面は、新旧の宗教の交代、あるいは仏教の優位を暗示していると解釈できよう。

さてブッダが説法を決意した経緯を語るのはこの梵天勧請であり、その解釈はここで説明したとおりだが、それにしてもこのような葛藤のすえ、なぜブッダは最終的に説法を決意したのか、仏典は何も語らない。これについて中村［1992a］は「説かなければ覚りは完成しない」ということを覚ったのであろうと指摘するが、ここではもう少し大胆にブッダの心中を推察してみよう。

出家の動機「苦からの解脱」を裏返して言えば、「絶対的楽（幸せ）の獲得」ということになる。ブッダは修行のすえに覚りを開いて、苦より解脱したにもかかわらず、説法の躊躇（ちゅうちょ）という迷いがブッダの心を悩ませたが、それは真理に目覚めて覚りを開いても、絶対的な楽（幸せ）を獲得できなかったからである。梵天勧請では「貪りと憎しみに取り憑かれ、この真理を覚らず、欲を貪り、暗闇に覆われ苦しんでいる世間の人」がブッダに意識されているが、覚りの興奮が冷めて冷静に世間を見渡し、このような人々に思い至ったとき、恐らくブッダの心は痛んだのではなかったか。

後代、教理的に整備される縁起や無分別智（むふんべっち）や無住処涅槃（むじゅうしょねはん）を以てすれば、「自己と他者とが縁起という不可分の関係で深く結ばれ、また自己と他者とを分別しない智を獲得したのであれば、覚りの世界にも執着せず、他者を幸せにすることなしに自己は幸せになれないとブッダは考えた」と説明できるが、縁起や無分別智や無住処涅槃を持ち出さずとも、人間の情として苦しむ人を見過ごすことは辛いことであるから、ブッダの心に葛藤が生じ、またその葛藤のすえに説法を決意したと考えられよう。

戦略的記述

梵天勧請におけるブッダとブラフマンのやりとり以外にも、仏典には「教団の拡大／仏教の興隆／教団組織の維持」という戦略的な意図を仏伝に忍び込ませている。

まずは龍（ナーガ）の役どころだ。誕生時には二匹の龍が産湯代わりに温水と冷水をブッダに注ぎ、成道後にはムチリンダ龍王がブッダを保護する役を演じ、またカーシャパを教化する場面では毒龍を退治している。これは以前から原住民の間にあった龍神信仰の信者を仏教内部に取り込むという戦略的意図があったとも解釈できる。大乗経典になると、龍は「天龍八部（てんりゅうはちぶ）」や「八部衆（はちぶしゅう）」の一つとして仏教を守護する役割を果たすし、とくに〈法華経〉では「八大龍王」を仏法護持の龍神としている（平岡［2001］）。

次は、転輪王（クシャトリア）と仏との関係。ブッダ自身がクシャトリアの出身であるから、アシタ仙の占相においては「転輪王か仏か」という対比で話が進み、結果としてブッダは出家したので、クシャトリアに留まるよりも出家することに価値が置かれるのは当然だ。しかし、両者が共に三二の偉人相を持つ点では共通し、またブッダ臨終の場面では、遺体の処理について質問したアーナンダに対し、ブッダは転輪王と同じ処理をするように命じ、また造塔に値する者として、如来・独覚・仏弟子という出家者に並び、転輪王も列挙されていることはいかに解釈すべきか。

佐々木［2000］が指摘するように、アショーカ王が教団の和合に尽力した点を考えると、政治的な庇護を得ることは教団の維持と発展につながったことは容易に想像できる。ブッダ自身がクシャトリアの出身で、またアショーカ王の庇護により教団が発展したとすれば、このような記述はクシャトリアに対する配慮であり、また将来の庇護を暗に保障させる戦略的な意図を持っているとも読める。

つぎに、デーヴァダッタ伝承を検討する。彼は数々の悪事を働いた「悪玉」として仏典に登場するが、これらの伝承を子細に比較研究すると、デーヴァダッタ伝承のいくつかは明らかに作り話と考えられる。少なくとも山の上からブッダに目がけて大石を落とし殺害しようとした件は〝冤罪〟であろう（平岡［2002］）。

五カ条の要求に代表されるように、デーヴァダッタは厳しい規律を求める純粋な出家者だったが、その純粋さゆえに正統派の比丘たちには馴染めず、彼らとは別行動を取ろうとしたために異端視されたのではないか。このような理由で、集団の維持に腐心する正統派の比丘たちはデーヴァダッタを戦略的に悪玉に仕立てていったのである。

第二章　三時の仏

本章では、現在・過去・未来という視点から仏の存在を整理してみよう。第一章でみた仏教の開祖ブッダという現在仏を基軸にし、まずは過去仏の伝承が創作される。ブッダを含めた「過去七仏（かこしちぶつ）」思想である。そして、現在仏と過去仏に続き、弥勒仏（みろくぶつ）という未来仏の伝承も誕生する。その結果、時系列に沿って三時の仏の伝承が完成した。

一．現在仏

Buddha の語義

現在 Buddha といえばブッダを想起し、それ以外に仏は存在しないと考えてしまうが、はたしてそうか。基本的な問いだが、本質を突いた問いでもあり、ここに仏教という宗教を理解する鍵が潜んでいる。ではまず、その語義から考えてみよう。
Buddha は「目覚める／覚る」を意味する √budh に由来する。この動詞の過去受動分詞形が Buddha であるが、これは自動詞なので、過去受動分詞の意味は「目覚めた／覚った」という意味になる。そして過去受動分詞は品詞的には形容詞であるから、名詞化して「目覚めた者／覚った者」を意味する。これが Buddha の本来の意味だ。

そしてこの名詞は、本来「普通名詞」であるという点が重要である。インドを旅行したある仏教研究者は、ガイドのインド人に「私は毎朝、ブッダになる」とジョークを言われてびっくりしたそうだが、それは単に「毎朝、目を覚ます」という意味であり、本来、何ら特別な意味はない。つまり、普通名詞なのである。

だが、仏教で Buddha は「(真理に) 目覚める」ことを意味するので、「毎朝、目を覚ます」という日常的な意味では使われないが、ともかく Buddha は普通名詞であり、ブッダが最初に真理（縁起の理法）に目覚めたので、Buddha は固有名詞化される場合もあり、その場合、Buddha は「ガウタマ・シッダールタ」を意味する。英語では、普通名詞の Buddha を a Buddha、固有名詞のブッダを the Buddha と表記して区別する。

現存する初期の経典で Buddha は基本的に固有名詞化されて使われているが、よくよく経典を精査すると、普通名詞として使われていた痕跡も存在する。この点をさらに詳しくみていこう。

ブッダ以外の Buddha

中村・三枝［1996］は、古いウパニシャッド（古代インドの宗教哲学書）に「仏」の語が現れるが、それは単に「真理を覚った人」というだけの意味であり、ジャイナ教の古い聖典では、宗教を問わず、聖人や賢者を仏と呼び、ジャイナ教の聖者や祖師たちも仏と呼ばれ、ブッダもそう呼ばれていたと指摘する。では、仏教内部の文献で、同様の事実は確認できるのか。中村［1992b］は、古層の経典『経集（きょうしゅう）』に Buddha の複数形の用例が存在することを確認する。

> 比丘は非時（正午過ぎ）に歩き回るなかれ。定められし時に村へ乞食に行くべし。
> 非時に行かば、執着に縛られん。ゆえに、仏たちは非時に行かず（Sn 386）。

中村はこの用例にみられる複数形の仏を、過去・現在・未来の三世の諸仏というような意味での「諸仏」ではなく、非時に出歩くべきかどうかを問題にするような普通の人間としての賢者を考えていたのであり、文脈からは「比丘」と同義の仏であると説明する。だが、この場合の複数形の仏が具体的に誰を指すのかについては考察しなかった。

この問題を本格的に考察したのが並川［2005］だ。初期経典には、先に引用した『経集』の用例に加え、Buddha の複数形の用例が多数確認でき、また Buddha と同義語の Tathāgata（タターガタ：如来）や Sugata（スガタ：善逝）も古層の韻文経典に存在することから、「如来／善逝」もブッダに限定された呼称ではなく、初期の段階では覚りを完成させた修行者の一呼称として使用されていたと並川は指摘する。

この援用として、並川は「ブッダセーッタ」の用例を挙げる。この語は「仏たちの中でもっとも優れた者」を意味するが、このような呼称でブッダを呼ばなければならなかったのは、仏と呼ばれていた者たちの中から彼だけを特殊化しなければならなかったからであり、これは当時「仏」と呼ばれていた仏弟子や修行者が複数存在していたことの証左になると言う。つづいて並川は、「ブッダ・アヌブッダ」の用例を検討する。『長老偈』のカウンディンニャの詩頌につぎのような用例がみられる。

> 激しく精進せるカウンディンニャ長老は、ブッダに従って覚りし人（仏）なり。生死を断じ、梵行（出家者としての行）を実践せし唯一の人なり（Th. 679）。

このほかにも同様の用法が確認され、この複合語に対する注釈書の解釈は一定ではないが、この複合語は「ブッダに従って覚った人」と理解できる。また「アヌ（anu-）」という接頭辞は、「従って」と主従関係を示すこともあるが、「つづいて」という連続を意味し、さらには「つづいてここに新しく」も意味する。だからこの複合語は「覚った人々につづいて、ここに新しく覚った人」とも解釈できるのである。以上から、並川はBuddhaが弟子をも意味する呼称であるとし、宗教的境地に関して、仏弟子はブッダと同じように表現されていたことを論証している。

つまり、Buddhaはブッダ固有の呼称ではなく、真理に目覚めた仏弟子もBuddhaと呼ばれていたが、時間の経過とともに、ブッダが神格化される過程で普通名詞のBuddhaは固有名詞化し、ブッダ固有の呼称となった。

ブッダと仏弟子の宗教的属性

では、ブッダも仏弟子もBuddhaと呼ばれていたとすれば、両者の間にはいかなる違いもなかったのか。これについても並川［2005］の研究を参考にしながら説明しよう。

並川は、主要な仏弟子のシャーリプトラ（智慧第一の弟子）、マハーマウドガリヤーヤナ（神通第一の弟子）、マハーカーシャパ（頭陀第一の弟子）、そしてアーナンダ（多聞第一の弟子）などが、宗教的境地に関し、経典でいかに形容されているか、初期経典の中でも古層と考えられている経典にみられる形容句を六種類に整理した。その形容句をブッダの形容句から引き算し、残ったものがあれば、それがブッダ固有の形容句として確定される。両者の形容句は、以下のとおり。

仏弟子の形容句

①煩悩の滅尽などの関連表現：迷いの根本を滅した／苦しみが消滅した（他一〇例）
②輪廻・再生などの関連表現：二度と迷いの生存を繰り返さない／最後の身体を持っている
③三明（さんみょう）・神通などの関連表現：三明（智慧）を獲得した／六神通を証得した（他五例）
④解脱の関連表現：あらゆる点で解脱した／あらゆる苦から解脱した（他二例）
⑤彼岸・涅槃などの関連表現：完全なる涅槃に入った／生死の彼岸に達した（他六例）
⑥その他：心の安定した／心を制御した（他二一例）

ブッダの形容句

①煩悩の滅尽などの関連表現：迷いの根本を滅した／執着がない（他四例）

②輪廻・再生などの関連表現：今や二度と迷いの生存を繰り返すことはない／最後の身体を保った（他一例）

③三明・神通などの関連表現：衆生の生と死をすべて知った／過去世の生涯を知った（他一例）

④解脱の関連表現：あらゆる点で解脱した／解脱した

⑤彼岸・涅槃などの関連表現：完全な涅槃に入った／苦の彼岸に達した（他二例）

⑥その他：心の安定した／自制した（他一三例）

こうして比較すると、同一の形容句もあれば、異なる形容句もある。だが、表現形態は異なっても、その意味内容は同じであり、宗教的な属性に関してブッダと仏弟子との間には大差がない。しかし並川は、ブッダだけに使われる形容句もあると言う。それは「太陽族の末裔／比類なき者／〔真実をみる〕眼を持つ者／師」などだが、これらは呼称に属するものばかりで、ブッダ固有の宗教的属性を知る手がかりにはならない。

ブッダに固有の宗教的属性

これらとは別に、並川はブッダにのみ使われる宗教的属性を特定した。それが「渡す」

という属性だ。たとえば、初期経典で「あなたは自ら〔輪廻の流れを〕渡り終え、この人々を〔彼岸に〕渡す」と説かれている。この表現は、迷いの世界に沈淪する衆生を覚りの世界（彼岸）に導くという救済の行為を明示しており、この「衆生救済」という点にブッダ固有の宗教的属性があると並川は指摘した。言語的には「渡る」を意味する√tṝの使役形（渡す）が使われている。ほかには、つぎのような用例が指摘できる。

「あなたは覚ったお方なり。あなたは師なり。あなたは悪魔を征服した沈黙の聖者なり。あなたは煩悩の根を断じ、自ら〔輪廻の流れを〕渡り終え、この人々を〔彼岸に〕渡す」「あなたは苦を終結させ、〔苦を〕超越し、正しく完全に覚った、尊敬に値するお方なり。（中略）あなたは私を〔輪廻の流れから〕渡せり」（Sn 545, 571; Th. 839）

また、つぎの用例は、ブッダに帰依した神々や人々がブッダをこう讃嘆する。

あなたは〔自ら〕調御して〔他を〕調御せしめる最高のお方、〔自ら〕寂静となって〔他を〕寂静ならしめる聖者、〔自ら〕解脱して〔他を〕解脱せしめる最上のお方、そして〔自ら〕渡り〔他を〕渡らしめるお方なり（It. 123.13–16）。

この表現は大乗経典にも継承され、菩薩の一般的な誓願としても定着するが、これについては第二部（菩薩）で詳しくとりあげる。では最後に一例だけ、菩薩に関連して「渡す」の用例を紹介しておこう。それはブッダが過去世で菩薩として最初のキャリアを踏み出すきっかけとなった伝承だ。

遠い昔、スメーダというバラモン（ブッダの本生）は世俗の生活を捨てると、生老病死を超越した境地を求め、ヒマラヤ山麓で出家の生活に入る。修行の甲斐あって彼が神通力を体得し、瞑想の楽しみを享受して時を過ごしていたとき、燃灯仏（ディーパンカラ仏）が世に出現し、大勢の弟子たちを引き連れて都に赴いた。それを知ったスメーダは、身体による奉仕を仏に行おうと意を決し、泥濘に自分の解いた髪を敷くと、その上を燃灯仏が通られることを望んだ。そのとき、スメーダはこう考え、仏になる決意を固める。

> 大地に臥せる我に、かく思念は生じたり。《望まば、我は今〔ただちに〕我が煩悩を焼き尽くすことを得ん。しかるに、その姿誰にも知られず、我は法を証得して如何せん。一切知性を獲得し、神を含める〔この世〕において、我は仏とならん。力を誇

示し、我独り〔彼岸に〕渡りて如何せん。一切知性を獲得し、我は神を含める〔この世の〕人を〔彼岸に〕渡さん。力を示し、この奉仕によりて、我は一切知性を獲得し、多くの人を〔彼岸に〕渡さん。輪廻の流れを断ち切り、三有を滅ぼし、法の舟に乗りて、我は神を含める〔この世の〕人を〔彼岸に〕渡さん》と(Ja. i 14.6–15)。

燃灯仏はその手前で立ち止まり、「将来、彼はガウタマという名の仏になるだろう」と予言した。これがブッダの修行の起点となり、それ以降、今生において菩提樹の下で覚りを開き、仏になるまで、菩薩としての修行の生活が始まるのだが、この決意の中でも√tṝの使役形（渡す）が使われている。

ブッダの教祖化

「渡る／渡す」については、ブッダ自身の言葉として語られた、つぎのような用例も指摘できる。

「私はこの世のいかなる疑惑者も解脱させることはできない。あなたが最上の真理を知るなら、それによってこの煩悩の激流を渡ることができよう」(Sn 1064)

ここでは「ブッダが〝あなた〟を渡す」のではなく、〝あなた〟自らの努力によって「煩悩の激流を渡る」べきことが説かれている。これに基づき、並川は「最初期の仏教では自己の修行によってこそ煩悩の激流を渡り、覚りに至るものであると考えられていたのに対し、それ以後の展開の中で他者の救済という考え方が生まれ、そしてそれがブッダ固有の宗教的属性とされたのではないかと推測される」（並川［2005］）と言う。

ここまでみてきたように、最初期の仏教の姿は、出家者が自らの努力で修行して覚りを開き、ブッダのみならず仏弟子もBuddhaと呼ばれていたが、ブッダの神格化にともない、ブッダと仏弟子との間に明確な線が引かれた。そうなると、さまざまな点で仏弟子とは異なるブッダの固有性が問題になり、Buddhaという普通名詞は固有名詞化され、ブッダに限定された呼称となるし、また「渡す」という宗教性もブッダに限定して使用される形容句となる。

Buddhaの固有名詞化にともない問題になるのが、覚りを開いた仏弟子の呼称だ。宗教的境地について、仏弟子はブッダと何ら違いがなかったので、Buddhaと呼ばれても問題なかったが、Buddhaが固有名詞化されると、覚りを開いた仏弟子を表現するにはBuddha以外の呼称が必要になる。こうして「阿羅漢」という呼称が覚りを開いた仏弟子の呼称として定着していく（後述）。

このブッダの神格化は、教団の組織化と無関係ではない。最初期、ブッダと仏弟子の集団は小さかったが、徐々に出家者の数も増え、また在家者も獲得していく中で、教団としての体裁を整えていくと、当然、ブッダは教団のトップとして「教祖」という役割を担うことになる。この点をさらに詳しくみていこう。

さきほど√tṝ（渡る）の使役形（渡す）について触れたが、同じ√tṝから派生した名詞「ティッタ（tittha）」を用いた複合語「ティッタカラ（tittha-kara）」について考えてみよう。「ティッタ」は「浅瀬／渡し場／沐浴場」、「カラ」は「作る人」を意味するので、複合語全体として「浅瀬を渡す人」つまり「救済する人」を意味し、さらに転じて「教祖／派祖」という意味で一般的に用いられる名詞である。

ブッダ在世当時、伝統的なバラモン教には属さず、自由な立場から独自の思想を展開した六人の自由思想家たちがインドで活躍した。彼らは仏典で「六師外道」と蔑称されるが、彼らの呼称として「ティッタカラ」が使われた。そしてこの呼称は少数ながら仏典でブッダにも適用されることがあるが、これはとりもなおさず、ブッダが教団の最高の指導者とみなされ、教祖として人々を救済する人と認識されたことを示していると並川は指摘する。これもブッダの神格化、あるいは教団の組織化の産物と言えよう。

最後にもう一つ、ブッダが「覚りを開いた人」という宗教的な呼称に留まらず、「教団の最高指導者」という組織の役職的な呼称であることを窺わせる興味深い用例を紹介しておく。仏弟子であり、またブッダの従兄弟ともされるデーヴァダッタは数多の悪事を働いた悪玉として仏典に登場するが、その一つとしてアジャータシャトルに父のビンビサーラ王殺しを教唆（きょうさ）した内容に注目したい。

その教唆の内容は「お前は父を殺して王になれ。私は世尊を殺して仏となろう」である。王子アジャータシャトルが「父王のビンビサーラを殺して王になる」は問題ないが、デーヴァダッタが「ブッダを殺して仏になる」というのは不思議な表現である。つまり、ここでの「仏」は「覚りを開いた人／目覚めた人」という宗教的属性ではなく、教団の教祖という〝役職名〟として機能していることがわかるだろう。

如来の十号

ブッダの神格化は、その呼称にも影響を及ぼした。最初期、ブッダがどのように呼ばれていたかは知るよしもないが、ブッダの神格化にともない、その呼称も増加し、最終的には「如来の十号」と呼ばれるように、十の称号として確定していく。その呼称は以下のとおり。

①如来（Tathāgata）：真如より来たれる者
②阿羅漢・応供（Arhat）：供養に値する者
③正遍知・正等覚者（Samyaksaṃbuddha）：正しく完全に覚った者
④明行足（Vidyācaraṇasampanna）：智慧（明）と実践（行）とを具足した者
⑤善逝（Sugata）：善く〔真如の世界に〕逝ける者
⑥世間解（Lokavid）：世間を完全に理解した者
⑦無上士（Anuttara）：この上ない者
⑧調御丈夫（Puruṣadamyasārathi）：衆生を調御して覚らしめる者
⑨天人師（Śāstā devamanuṣyāṇām）：神々と人々の師
⑩仏（Buddha）：〔真理に〕目覚めた者
⑪世尊（Bhagavat）：世にも尊い者

これでは全部で十一号となるので、最後の「仏」と「世尊」を合わせて一つ（仏世尊）にしたり、「〝如来〟の十号」であるから如来を省いて十号とするなど、十の数え方については諸説がある。

ではこの中から、主だったものを、その語源解釈に基づいて紹介する。語源解釈とは、ある言葉の意味をその語源から説明するもので、実際にそうである場合もあるし、単なるこじつけの場合もある。たとえば日本語で言うと、「働く」は「傍（はた）の人を楽（らく）にするから〝はたらく〟」といった類いの語呂合わせである。

まずは「タターガタ（Tathāgata）」であるが、これは二つの単語から成る。これを分解すると、二つの可能性がある。一つは tathā + gata、もう一つは tathā + āgata である。前半の tathā は「真如」と漢訳されるが、「あるがまま／ありのまま」が原意であり、転じて「真理・真実」をも意味する。問題は後半だ。gata は √gam（行く）の過去分詞で「行った」を意味するが、gata の前に接頭辞（ā-）が付いた āgata は逆の「来た」を意味する。

漢訳の「如来」は「真如より来たれる者」の意であり、tathā + āgata の訳語となる。一方、Tathāgata の蔵訳は de shing gshegs pa（真如に行ける）であるから、tathā + gata の訳語となる。また gata は「理解した」の意味もあるので、「あるがままに（＝真実に即して）理解した者」が Tathāgata という解釈もある。さらには gata を gada（語った）と理解し、Tathāgata は「真実を語る者」と説明されることもある。

つぎに「アルハット（Arhat）」。これは「〔煩悩という〕敵（ari）を殺した（han）」から阿羅漢であるとする。あるいは、Arhat のパーリ語形 Arahan に基づき、最初の a- は否定を意味する接頭辞、raha は「生」の意であるから、全体として「不生」、つまり「〔煩悩を断して二度と〕再生しない」という意味で理解されることもある。

最後に「バガヴァット（Bhagavat）」をとりあげる。これは「破壊した」を意味する bhagna に「能力のある」を意味する接尾辞（vat）がつき、「〔煩悩を〕破壊することができる者」、あるいは「幸運（bhaga）を有する（vat）者」と解釈されることもある。

このように、ブッダが神格化されると、その呼称も増殖し、さらにはそれに基づいてさまざまな語源解釈が多くの仏典で展開していく。

三十二相八十種好：外見的特徴

ブッダは外見と内面の両面において特殊化されていく。まずは外見的特徴の特殊化であるが、これは三十二相八十種好と呼ばれるものである。これはブッダと転輪王のみが有する身体的特徴のことで、三十二相はその主だった特徴、八十種好は微細な特徴を言う。八十種好の説明は省略し、ここでは三十二相のみを紹介する。三十二相も多くの仏典で説かれており、順番や内容は仏典によってすべて同一ではないが、その一例を示せば、以下のとおり。

①足下安平立相（そくげあんぴょうりゅうそう）：足裏が平坦である。仏の徳が平等でありすべてのものに利益をあたえることを表す

②足下二輪相（そくげにりんそう）：足の裏に千本の輻のある車輪の模様がある。足裏だけでなく両手にも車輪の相があるとされることもある

③長指相（ちょうしそう）：足指もしくは手指が長い。足指手指両方の長いことをいう場合もある

④足跟広平相（そっこんこうびょうそう）：足の踵が大きくてしっかりしている

⑤手足指縵網相（しゅそくしまんもうそう）：手足の指の間に水かきがある

⑥手足柔軟相（しゅそくにゅうなんそう）：手足が非常に柔軟である

⑦足趺高満相（そくふこうまんそう）：足の甲が高くて肉づきがよい

⑧伊泥延膊相（いにえんせんそう）：膊（こむら）は鹿のようである。伊尼延鹿王相、鹿王瑞相等ともいう

⑨正立手摩膝相（しょうりゅうしゅましつそう）：直立したまま垂らした手で膝を撫でることができる

⑩陰蔵相（おんぞうそう）：陰部が腹の中に蔵されている。馬陰蔵相ともいう

⑪身広長等相（しんこうちょうとうそう）：身長が両手を広げたときの長さと等しい。またその円満なことがニグローダの樹のようである

⑫毛上向相（もうじょうこうそう）：身体の毛がすべて上を向いている

⑬一一孔一毛生相：一つ一つの毛孔から一毛が生じ、毛は乱れることなく青瑠璃色で右旋している
⑭金色相：身体・皮膚が金色をしている
⑮丈光相：四方に長さ一丈の光を放っていて、それは一切の外道、悪魔を降伏させ、衆生の迷いを破壊してその妨げを取り除くなどの性質を持っている
⑯細薄皮相：皮膚が滑らかで、塵埃が身体につかない
⑰七処隆満相：両手・両足・両肩・項の七ヶ所の肉がもりあがっている
⑱両腋下隆満相：両方の腋下がひきしまっていて、深くない
⑲上身如獅子相：上半身は広大で容姿端麗であり、獅子のようである
⑳大直身相：すべての人間の中で、身は最大でまっすぐである
㉑肩円好相：肩はふっくらとまるみを帯びている
㉒四十歯相：歯が四〇本ある
㉓歯斉相：歯並びがよく、揃っている
㉔牙白相：歯が雪のように白い。四牙白相、四牙白浄相ともいう
㉕獅子頬相：頬が獅子のように平たく大きい
㉖味中得上味相：非常に鋭敏な味覚をもつ

㉗大舌相(だいぜつ)：舌を出すと、顔全体を覆うほど大きい。広長舌相、舌広長相ともいう
㉘梵声相(ぼんしょう)：梵天、迦陵頻伽、あるいは天鼓の音のように素晴らしい音声を出す
㉙真青眼相(しんしょうげん)：瞳は蓮華のように青い。目広蓮華相ともいう
㉚牛眼睫相(ごげんしょう)：睫は牛王のように長くて美しい。真青眼相とあわせて説く場合もある
㉛頂髻相(ちょうけい)：頭の上の肉が髻の形に隆起している
㉜白毛相(びゃくもう)：眉間に白毫〔白い毛の環〕がある。白毫相(びゃくごう)、眉間(みけん)白毫相と同じ

㉗大舌相は過去世で「真実を語る」ことが原因によって得られた相であるから、この相を有することは「真実を語る」ことと同義であり、それに基づく仏教説話も実際にインドに存在する（平岡［2007a］）。

十八不共仏法(じゅうはちふぐうぶっぽう)：内面的特徴

つぎに、仏の内面的特徴についてまとめる。これは十八不共仏法と呼ばれ、「他〔声聞・独覚・菩薩〕とは共通しない（不共）、仏のみが有する十八の法」の意である。十八の内訳は「十力＋四無所畏＋三念住＋大悲」である。その内容は以下のとおり。

十力：ありとあらゆる対象を欲するままに知る、十種の勝れた精神力

①処非処智力：ものの道理と非道理とを知る智力

②業異熟智力：一切衆生の業の果報を知る智力

③静慮解脱等持等至智力：あらゆる禅定・八解脱・三三昧を知る智力

④根上下智力：衆生の能力の優劣や差別を知る智力

⑤種々勝解智力：衆生のさまざまな知解を知る智力

⑥種々界智力：世間の衆生のさまざまな境界を知る智力

⑦遍趣行智力：衆生がいかなる行為によっていかなる境地に赴くかを知る智力

⑧宿住随念智力：過去世のさまざまなことを憶い起こす智力

⑨死生智力：衆生の死生や未来世の有様を知る智力

⑩漏尽智力：煩悩（漏）が尽きて、もはや再生しないことを知る智力

四無所畏：教化や説法に関して畏れることがない四種の自信

⑪正等覚無畏：覚りを開き、知らないことは何一つないという自信

⑫漏永尽無畏(ろようじんむい)：一切の煩悩を完全に滅尽したという自信
⑬説障法無畏(せつしょうほうむい)：修行の障害となる煩悩を説いたという自信
⑭説出道無畏(せつしゅつどうむい)：苦の世界から出離する道を説いたという自信

三念住(さんねんじゅう)：説法に関する三種の平常心

⑮於恭敬聴聞者住平等心(おくぎょうちょうもんしゃじゅうびょうどうしん)：弟子が恭しく聞法していても喜悦しない
⑯於不恭敬聴聞者住平等心(おふくぎょう…)：弟子が恭しく聞法していなくても憤慨しない
⑰於恭敬聴聞者与不恭敬聴聞者住平等心：その両者が混在していても、喜悦したり憤慨したりしない

大悲(だいひ)

⑱大悲：仏のみが有する絶大なる大慈悲心

これも資料によって説明の仕方は異なるが、ともかくブッダが神格化されると、肉体的にも精神的にも常人とは異なる「ブッダの唯一性」が強調されていく。

二　過去仏

過去仏思想の背景

仏教の教祖がブッダであり、ブッダが神格化されて崇拝の対象となったのであれば、なぜ過去仏思想は誕生したのか。まずは過去仏思想が誕生した背景を考えてみよう。

その前提として考えておくべきは、ブッダが法（真理・道理）の〝発見者〟であり、〝発明者〟ではないという点だ。ブッダが法の発明者であるなら、その法の特許権はブッダにあり、ブッダは唯一無二の存在になる。しかし、ブッダが法の発見者ということになると、ブッダ出現の有無にかかわらず、ブッダ以前に法はすでに厳然と存在していたことになろう。初期経典『相応部』はこれをつぎのように表現する。

「比丘たちよ、縁起とは何か。比丘たちよ、生を縁として老死がある。如来が〔世に〕出ても、あるいは如来が〔世に〕出なくても、この道理は定まり、法として定まり、法として確定している。それは相依性のものである。如来はこれに目覚め、〔これを〕覚り、理解する。覚り、理解してから、宣言し、説示し、告知し、宣布し、開

陳し、分別し、明らかにし、お前たちはみよと言う」(SN ii 25.17–23)

これをみても仏と法との主従関係は自ずと明確になるし、またブッダ以前にも、その法に目覚めた人は存在しても不思議ではなくなる。この「法の発見者」という点に過去仏思想は胚胎している。

また過去仏思想は、ブッダが発見した法の普遍性を担保する思想としても機能する。ブッダが目覚めた法は、ブッダのみならず、過去の仏も同様に目覚めた法であり、ブッダが恣意的に発明したものではないことを主張する根拠ともなる。この点を経典の記述で確かめてみよう。『相応部』「城邑経」では、次のように説かれている。

「比丘たちよ、たとえば人が荒野の林叢をさまよっていると、過去の人々が辿った古道・古径を発見したとしよう。彼はそれに従いながら進むと、園林を具え、森を具え、蓮池を具え、城壁に取り囲まれて麗しく、過去の人々が住んでいた古き都城・古き王都を発見したとしよう。比丘たちよ、その人が王あるいは王の大臣に報告したとしよう」

「王よ、申し上げます。私は荒野の林叢をさまよっていると、過去の人々が辿った古道・古径を発見しました。私はそれに従いながら進むと、園林を具え、森を具え、蓮

> 池を具え、城壁に取り囲まれて麗しく、過去の人々が住んでいた古き都城・古き王都を発見しました。王よ、その〔ような〕王都をお築きになられますように」（中略）
> 「比丘たちよ、ちょうど同じように、私は過去の正等覚者たちが辿った古道・古径を発見したのである。また比丘たちよ、過去の正等覚者たちが辿った古道・古径とは何か。それは八正道である。比丘たちよ、まさにこれは過去の正等覚者たちが辿った古道・古径である。私は老死（苦）を知り、老死の原因（集）を知り、老死の滅尽（滅）を知り、老死の滅尽に至る道（道）を知った（＝四聖諦）」（SN ii 105.35–106.27）

ここでは、ブッダが過去の正等覚者たちの辿った道を発見し、これに従い、これに沿って行くと、八正道と四聖諦（縁起に基づいて苦から解脱する方法）を発見したとブッダ自身が語る。つまり、この経の目的は、ブッダの見出した法がブッダだけの発見ではなく、過去の仏も共通して見出した法であることを強調し、ブッダの発見した法に普遍性を付与することにある。

いかなる宗教にも、伝統は重要だ。仏教は今でこそ歴史ある宗教となったが、仏教誕生当時は当然ながらその歴史はまったくなく、一方インドの伝統宗教であるバラモン教はすでに悠久の歴史を誇る正統宗教であった。その伝統ある宗教に新興の仏教が対抗するために、歴史性は無視できない要素であった。

中村［1988］はインド人の尚古的性格を論じる中で、インド人は過去を尊重し、「新しい思想もつねに古い権威に結びつき、その権威を借りて自己の存在意義を主張しようとする」と指摘する。当時の新興宗教であった仏教がバラモン教と互角に渡り合うためには、過去仏思想によって歴史性や伝統を補完する必要もあったと想像されるが、ともかく、このような複合的要因が重なり、過去仏思想が誕生した。

仏と法との関係

ではさらに、仏と法との関係を確認しておこう。これは大乗仏教の仏身観を考える上でも重要である。岸本［1973］は、西洋の一神教的な神の存在に代わるものとして、東洋では宇宙に自ずからそなわる法則性を挙げ、これを仏教では「法／ダルマ（dharma）」と呼び、宇宙の運行の根本的法則性を指しており、仏や菩薩よりも根本的なものと指摘する。長尾［1967］も、一神教的な神を認めない仏教が最高の権威を認めるとすれば、それは「法」だけであり、歴史的な個人ではないと強調する。

武内［1981］も、ブッダという人格を通じてブッダの覚った法を聞き、受け止めていたのだから、現実は「仏中心」であったが、建前は〈小乗涅槃経〉の「自灯明（じとうみょう）・法灯明（ほうとうみょう）」に代表されるように、ブッダ自身の拠り所が法であったことから、仏教は元来「法中心」であったと言う。

では仏典の記述によりながら、この点を確認する。成道直後のブッダが、誰にもたよらず、誰をも敬わずに生きていくことに虚しさを感じたときの心中を描写した場面である。そこでブッダは「私は私が覚った法、この法こそを敬い、重んじ、近づいて時を過ごそう」と考えたと記される。これをみれば、仏と法の主従関係は明白だ。法を覚って仏となり、また法は仏に説かれてはじめて我々の認識可能な領域に姿を現すから、車の両輪のごとく両者は相即し、単独では存在しえないが、理念的には仏よりも法の方が上位概念となる。

ではなぜ、三宝の順番は「仏・法・僧」というように、仏が法に先行するのか。三枝［1999］は初期経典の用例を渉猟し、「仏が先で、法が後」という順番は常に不動であることを確認した上で、仏が法の前に置かれる理由について、初転法輪（ブッダの最初の説法）の場面に注目する。

最初は無視を決め込んでいた五人の修行者だったが、そこに現れたのは、苦行を放棄した人間ではなく、真理に目覚めてブッダとなった人間だった。その威光にうたれた彼らは思わず立ち上がり、ブッダを恭しく迎える。そしてそのブッダから法を聞き、彼らも真理に目覚めた。つまり、五人の修行者からすれば、ブッダとの出会いが先であり、彼の口から流れ出た法に触れるのは、その後である。

理念的には法が仏に先行するが、五人の修行者にとっては、ブッダという人格が先にあり、その後にダルマが現前したことになるので、教えを受ける仏教徒の目線に立てば、三宝の順番は仏が法に先んじていると三枝は推定する。

過去七仏（かこしちぶつ）

では、過去仏誕生の第一段階について説明する。最初に過去仏として誕生したのが過去七仏である。といっても、ブッダはその七番目に位置づけられるので、ブッダを除けば、過去仏は六人となる。では過去仏の具体的な名前が列挙される『長老偈』の用例をみてみよう。

> ヴィパッシが行き、シキとヴェッサブが行き、カクサンダ・コーナーガマ・カッサパが行った道を、ゴータマは進み行かれたり。渇愛を離れ、執着を去り、七仏は〔苦の〕滅尽に至れり。この法は、かくの如き法ある〔仏〕によりて説かれたり（Th. 490–491）。

さきほど紹介した「城邑経」の記述に基づき、ブッダは過去の六人の仏が進んだ道と同じ道を進んで真理を発見し、苦から解脱したことが説かれる。この過去仏の順番および名前は確定しており、資料間での異同は基本的にない。以下、その名前を整理する。

①毘婆尸：ヴィパッシン（Vipaśyin）／ヴィパッシ（Vipassi）
②尸棄：シキン（Śikhin）／シキ（Sikhi）
③毘舎浮：ヴィシュヴァブジュ（Viśvabhuj）／ヴェッサブ（Vessabhu）
④倶留孫：クラクッチャンダ（Krakucchanda）／カクサンダ（Kakusandha）
⑤倶那含牟尼：カナカムニ（Kanakamuni）／コーナーガマ（Koṇāgama）
⑥迦葉：カーシャパ（Kāśyapa）／カッサパ（Kassapa）
⑦釈迦牟尼：シャーキャムニ（Śākyamuni）／サキャムニ（Sakyamuni）

こうして過去仏が整備され、その七番目にブッダが置かれると、ブッダの呼称もこれに合わせて「七番目の聖仙」とも呼ばれるようになる。ではなぜ「過去六仏」でも「過去八仏」でもなく、「過去七仏」なのか。

インドでは仏教誕生よりもはるか昔、『リグ・ヴェーダ』以来、七人の聖仙を数えることが行われており、その七人が誰を意味するかについては伝承によって違いがみられるが、「七人」という数は確定していた。インド一般に「聖仙」といえば、直ちに「七」の数を連想する習慣が後代まで残っていたので、それが仏教に影響を及ぼしたのではないかと中村［1992a］は推定する。ではなぜ「七」が特別な意味を持つのか。

これについては、すでに指摘したように、松濤［1983］を参考にすれば、「三」と同様に「七」は無限性・絶対性・超絶性を意味する凝結した数であるから、過去七仏思想も、仏教という宗教に無限性・絶対性・超絶性を持たせるという機能を果たしているとも考えられよう。

では最後に、七仏通誡偈についても触れておく。これは、ブッダを含め「七人の仏が共通して誡めとした偈文」という意味だ。インド原典の『法句経』では「一切の悪はなすことなく、〔一切の〕善は具足し、自分の心を調御すること、これが諸仏の（buddhāna）教えなり」とあるが、その漢訳はつぎのとおり。

諸悪莫作　衆善奉行　自浄其意　是諸仏教（諸の悪を作す莫れ。衆の善を奉行せよ。自ら其の意を浄む。是れ諸仏の教えなり）

この偈文に関し、中国に有名な挿話がある。中国の詩人・白居易（はくきょい）は禅僧・鳥窠道林（ちょうかどうりん）に「仏教とは何か」と問うと、道林はこの偈を説いて聞かせた。すると白居易は「そんなことは三歳の子供でも知っている」と返答したが、道林はそれに臆せず、「三歳の子供でも知っているが、八〇歳の老人でも実践するのは難しい」と答えたという。

信仰の対象となった過去仏

現代人からみれば、過去仏は〝伝説的な存在〟と客観的にとらえてしまうが、今から二〇〇〇年以上も昔の古代において、出家者（あるいは聖職者）が説く言葉はリアリティを持って信者に受容されたに違いない。つまり当時の人々にとって過去仏は実在した人物として受け入れられたのだ。その当時の事情を伝える事例をいくつか紹介しよう。まずは碑文の用例から。

仏滅後しばらくしてインドで活躍したアショーカ王は最初、残忍な王として悪名高かったが、戦争で多くの人々の命を奪ったことを後悔し、後には仏教に帰依した。そのアショーカ王は多くの仏塔や石柱をインド各地に建立したが、その一つにニガーリ・サーガル石柱がある。これはブッダの故郷カピラヴァストゥの遺構ティラウラコット（ネパール）から数キロのところに位置するが、そこには「カナカムニ仏（第五仏）の仏塔を建立した」と記されている。これにより、当時、過去仏もブッダと同じように信仰の対象となっていたことがわかる。

つぎに、中国僧の旅行記によりながら、当時の過去仏信仰を紹介する。まずは法顕の『法顕伝』をみてみよう。

> 城の西五十里で一つの村に到り、都維（Tadua）と言う。ここには迦葉仏（Kaśyapa）の本生の処、父子の相見た処、般泥洹の処があり、みなことごとく塔を立てている。迦葉如来の全身舎利もまた大塔をたてている。
>
> 舎衛城の東南十二由旬で那毗伽（Nābhika）という村に到る。ここは拘楼秦仏（Krakucchanda）の生まれた処、父子の相見た処、般泥洹の処で、ここにも僧伽藍があり、塔が立っている。ここから北行一由旬足らずで一つの村に到る。ここに拘那含牟尼仏（Kanakamuni）の生まれた処、父子の相見た処、般泥洹の処があり、ここにもまたみな塔が立っている（長沢［1971: 73–74］）。

さらに、玄奘の『大唐西域記』からカーシャパ仏の記述を紹介しよう。

大城より西北六十余里に古い城がある。賢劫の間の人寿が二万歳の時に、迦葉波仏（Kāśyapa）が誕生された城である。城の南にストゥーパ（塔）がある。〔迦葉波仏が〕正覚を得られて初めて父に会われた処である。城の北にストゥーパがある。迦葉波仏の全身の舎利が入っている。〔これらのストゥーパは〕みな無憂王（Aśoka）が建てたものである（水谷［1971: 191］）。

『法顕伝』と『大唐西域記』の両者ともカーシャパ仏の「全身舎利」に言及していたので、少し解説を加えておこう。普通、舎利（遺骨）といえば、荼毘に付した後に残った舎利を容器（骨壺など）に納め、その容器を中心に安置して仏塔を建立するのが一般的だが、カーシャパ仏の場合は、それをせず、全身の姿のままで遺骨が残っていたという伝承がある。ともかく、過去仏は伝説上の存在ではなく、実在する人物として受容され、信仰されていた様子が、これらの記述から窺えよう。

燃灯仏

第一章ではブッダの〝狭義〟の生涯（仏伝）を説明した。つまり、生まれてから死ぬまでの人間ブッダの足跡について触れたが、神格化が進むと、「生まれる前」と「死んだ後」にまで仏伝は拡大する。これが〝広義〟の仏伝だ。「生まれる前」はよいとして、輪廻から解脱し、もう二度と再生しないブッダの「死んだ後」の生涯とは何か。これについては未来仏のところで説明するとして、ここでは「広義の仏伝」のうち、「生まれる前」について説明する。

ブッダ自身の神格化にともない、ブッダの覚りも神格化されることになった。つまり、ブッダの三五歳での覚りは、六年間の修行の結果だけでもたらされたのではなく、輪廻思想に基づき、生死を繰り返しながらずっと修行を続け、それに今生での六年間の修行が最後に加わって覚りが成就したと考えられるようになったのである。仏教誕生以前に輪廻思想はすでにインドに存在したので、仏教徒はこれを利用し、修行の量的な上積みを図った。こうしてできあがったのが「ジャータカ」というブッダの本生物語だ。

ジャータカはパーリ・サンスクリット・漢訳など、さまざまな言語で伝承されているが、量的に一番まとまっているはパーリのもので、五四七話から成る。ジャータカの物語は仏教内部に起源を持つものもあるが、仏教誕生以前からあった英雄譚はすべてジャータカになりうる。日本で言えば、桃太郎や金太郎の話も「実はブッダの本生であった」とすれば何でもジャータカになるので、パーリのジャータカは五四七に膨れ上がった。

しかし、ここで問題が生じる。修行の起点だ。輪廻を繰り返しながら、あるときは人間、またあるときは動物として修行してきたとしても、「どこが修行の出発点だったのか」が問題になり、これに答える形で燃灯仏授記の話が創作されたと考えられている。

パーリの伝承によれば、昔々の大昔、ブッダの本生スメーダが将来、仏になることを決意して泥の上に自らの髪を敷き、燃灯仏を渡そうとし、また成仏の誓願を立てたので、それをみた燃灯仏はスメーダの成仏を予言した。そしてブッダはこれを起点にして善行や修行を積み、覚りを求めるようになったという。以上はブッダの神格化に伴う仏教内部の思想的必然性に燃灯仏の誕生を理解しようとするものだが、定方［1998］は戦略的な視点から、燃灯仏伝説創作の動機を考察する。

定方は、燃灯仏伝説がナガラハーラ（ジャララバード）という実際の町に結びついている事実に注目し、イラン系の宗教であるミスラ神（太陽神）の信仰の盛んな土地であったナガラハーラに仏教が進出したさい、仏教僧は民衆が抵抗なく仏教に改宗しうるようなムードを作り出すために、ミスラがブッダの宗教を認可したかのように思わせる物語を創作することを仏教僧らが思いついた。そして、ミスラの概念に通じる燃灯（原語の「ディーパンカラ」は本来、「灯りを作る」を意味し、「太陽」に通じる名前である）という仏を作り、彼にブッダの成仏を予言させることで、民衆はミスラが仏教を容認したという錯覚を無意識のうちに抱くようになったのではないかと指摘する。

過去仏に話を戻そう。過去七仏は、仏と法との本質的な関係に基づき、思想的な展開として誕生したが、燃灯仏はブッダの過去物語の始原として、また布教の戦略的な展開として誕生したので、燃灯仏という過去仏は過去七仏とは思想基盤を異にして展開した。また燃灯仏の誕生は遅く、過去七仏の成立が燃灯仏の成立に先行する。

しかし、発生時期や発生基盤は異なっていても、過去七仏に加えて燃灯仏が誕生したとなると、両者の関係が問題になる。教理的には辻褄（つじつま）を合わせる必要があった。こうして考案されたのが「過去二十五仏」思想だ。いずれも、その最後にブッダを位置づけるので、ブッダを「現在仏」とするなら、過去仏の数は二四仏となる。

詳細は省略するが、「過去二十五仏」では第一仏を燃灯仏とし、その間に一七仏が列挙され、そして最後に過去七仏が置かれる。こうして、歴史的には最後に誕生した燃灯仏は、過去二十五仏思想では、その始原の仏として過去七仏に先行することになる。

三、未来仏

弥勒仏の出現

ここまで、現在仏に始まり、その必然的展開としての過去仏思想をとりあげたが、現在／過去とくれば、未来仏の存在も、現在仏からの当然の産物と考えなくてはならない。法に目覚めて仏になるなら、それは現在や過去のみならず、未来においてもありえるからだ。ただし、伝統仏教において未来仏は、過去仏のように複数存在はせず、弥勒仏一仏のみである。

弥勒仏の出現について語る前に、その名前について整理する。「弥勒」と漢訳されるインド語は「マイトレーヤ／メッテッヤ」である。「慈しみ」を意味する「マイトリー」と同じ語源であり、その名前からイランの「ミスラ」に起源があると指摘する研究者もいる。

この未来仏の弥勒について語る初期経典は『長部（ちょうぶ）』に含まれる「転輪王経」だ。この経典は転輪王の威力と理想を主題とする経典だが、その中に転輪王であるサンカと彼の師匠として弥勒仏が登場する。以下、簡単にその内容を要約して紹介しよう。ブッダはそのときの様子について、つぎのように語る。

「人の寿命が八万歳になる未来世において、メッテッヤと呼ばれる仏がその世に出現し、今生で私が出現して覚りを開き、法を説いて弟子たちに囲まれているように、メッテッヤ仏も同様に覚りを開き、法を説いて弟子たちに囲まれているだろう。そのとき、ベナレスにはケートゥマティーと呼ばれる都があるが、そこにサンカという名の転輪王が出現し、法によって天下を統一する。彼は王宮を譲り、人々に布施をなした後、メッテッヤ仏のもとで出家し、覚りを開くだろう（要約）」（DN iii 75–77）

以上がニカーヤに見られる弥勒の伝承であり、これに相当する漢訳の阿含も存在するが、森［2015］によれば、弥勒に関する初期の伝承を以下の四点にまとめている。

①『長部』「転輪聖王獅子吼経」は「人寿八万歳の未来世、転輪王サンカの治世に、弥勒という世尊が出現し、比丘の僧団の指導者となり、サンカも弥勒のもとで出家する」と説くが、これが弥勒伝承のもっとも素朴な原初形態とみなせる（漢訳『長阿含経』ではサンカが弥勒のもとで出家したとは説かない）

②ブッダを中心に過去・現在・未来という三時の時系列上に弥勒と過去仏とを結合させ

ようとする記述がある

③弥勒の住処は「兜率天」ということになっているが、パーリ三蔵のどこにも、弥勒と兜率天とを直接結びつける記述は見出せない

④歴史的人物とされる仏弟子のティッサ・メッテッヤ（Tissa Metteya）と弥勒菩薩とを同一視した記述はパーリ三蔵の中にはない（漢訳『中阿含経』は両者を同一視）

漢訳の阿含と比較すると、細かな違いはあるが、南北両伝の記述は基本的に一致するので、未来仏としての弥勒伝承の祖型は、教団分裂以前ないしは分裂の初期の頃までには成立していたと森は指摘する。ではつぎに、この弥勒菩薩が大乗仏教でどう展開するのかを整理するが、その前に、さきほどとりあげた「拡大する仏伝」のうち、「死んだ後」について説明する。

伝統仏教の教えに従えば、解脱した者は二度と生まれ変わることはないので、「ブッダの死後の仏伝」というのは論理矛盾しているが、ここではブッダ自身ではなく、遺骨（舎利）が問題になる。

これは正法・像法・末法という仏教の終末論と関連づけて説かれるもので、末法の世、未来仏の弥勒の出現に先立って、世界に散逸したブッダの聖遺物とも言うべき遺骨がブッ

ダガヤに集結して三十二相を具えたブッダの像を結び、空中で双神変を現じて般涅槃すると予言するという（Strong［2001］）。伝説によれば、アショーカ王はブッダの仏塔を掘り起こして遺骨を収集し、それを八万四千に分割して八万四千の仏塔を建立したと言われているが、それをふまえるなら、その八万四千の遺骨がインド各地から集結して人間の姿になるという。これを想像すると実に壮観な光景だ。

大乗経典に説かれる弥勒仏

弥勒仏は伝統仏教の経典の段階ですでに説かれているので、大乗仏教によって出現した仏ではない。しかし、弥勒仏は大乗仏教でも重要な仏として位置づけられ、弥勒仏を主役にした大乗経典が創作され、また弥勒仏に対する信仰が誕生した。

大乗仏教における弥勒信仰は、「下生信仰」と「上生信仰」とに大別される。簡単に言えば、前者は「遠い未来世に兜率天からこの世界に下生して衆生を救済する」、後者は「死後、弥勒が住む兜率天に上生し、弥勒のもとで修行することを願う」というものである。ではこの二つを大乗経典の記述に基づき、みていこう。弥勒を主人公とする大乗経典のうち、中心的な経典は「弥勒六部経」と称され、その中でもさらにコアな経典は「弥勒三部経」と称される。それを列挙すると、以下のとおり。

①『観弥勒菩薩上生兜率天経（＝上生経）』（沮渠京声訳：四六四年）
②『弥勒下生成仏経（＝下生経）』（鳩摩羅什訳：四〇二〜四一二年）
③『弥勒大成仏経（＝成仏経）』（鳩摩羅什訳：四〇二年）

弥勒菩薩は現在、兜率天で説法し、修行を積み、成仏して娑婆世界に下ることを待っている。将来、成仏する弥勒は娑婆世界に下生し、弥勒の菩提樹ともいうべき龍華樹の下で覚りを開くと、その樹下で三度にわたって説法する（この説法座を「龍華三会／弥勒三会」と言う）。その後、鶏足山に伝わるブッダの法会を受け継ぎ、六万年にわたって衆生を救済するという。

この物語に基づき、未来の龍華三会の会座に参加するのを願うのが、弥勒下生信仰であり、龍華三会の前提として、まずは死後に兜率天に上生することを願うのが弥勒上生信仰である。速水［2019］によれば、弥勒三部経の成立順序は、まず龍華三会の説法を中心に説く『成仏経』、つぎにその要約としての『下生経』、そして最後に『下生経』の内容をふまえて、死後の兜率天往生を主に説く『上生経』が成立したと言う。インドでは下生信仰がさきに成立したが、遠い未来の救済だけでは飽き足らないところから、その後に上生信仰が成立したと考える。

弥勒像の出土は二世紀後期にインドのシクリで確認され、そのほかにもガンダーラやマトゥラーでも発見されているので、二〜三世紀には弥勒信仰が存在していたと推定される。また、弥勒三部経の漢訳年代から考えて、インドでは上生信仰も四世紀末頃までには発達していたようだ（速水［2019］）。

第三章　現在他方仏の誕生

日本仏教は大乗仏教を淵源（えんげん）とし、また、仏も教祖の釈迦牟尼仏よりは、伝統仏教には存在しなかった阿弥陀仏や大日如来などの尊格が信仰の対象となっている。そこで本章では、伝統的な仏教の枠組みから大乗仏教が誕生する経緯を、仏身観の変遷に基づき、一仏（ブッダ）から多仏への展開の中で理解する。そして、こうして誕生した現在他方仏のうち、阿弥陀仏を代表とする主な尊格をピックアップし、解説を加える。

一．仏身観の変遷

ブッダの代替物としての仏塔

仏教は、出家して禅定などの修行を実践することで煩悩を断じ、自ら苦から解脱することをめざす宗教だから、「信仰」は出家者には基本的に不要だが、在家者には重要な要素であった。では仏滅後、在家者は何を信仰のよすがとしたのか。ブッダ亡き後、この娑婆世界に現れる仏は弥勒だが、それは、五六億七千万年先の話である。その間、「信仰の対象はなし」というわけにもいかない。こうして、信仰の対象となったのが「仏塔」だ。いわゆるブッダの遺骨を納めた墓のような存在である。

「墓」というと、インド通の人々には違和感があるかもしれない。インド人の多く（ヒンズー教徒）は墓をもたないからだ。輪廻を信じている人々にとって、遺骨は単なる「物質」あるいは「抜け殻」以上の意味を持たない。「その人の本質」はもうすでに「何か」に乗り移っているからである。だからインド人は遺骨をガンジス川に流す。

ところが、ブッダの場合、遺骨は特別な意味を持つ。なぜなら、それが「最後生」であり、もう輪廻しないからだ。こうしてブッダの遺骨は、この世に残された、ブッダとつながる最後の物質となり、「唯一無二」の存在と化す。だから、遺骨が安置された仏塔は、崇拝するに値するモニュメントとなる。こうして、ブッダの遺骨を納めた仏塔は、ブッダ亡き後、ブッダの代替物として信仰の対象となる。

その一端を仏典の記述から紹介しよう。インド仏教の説話文献『ディヴィヤ・アヴァダーナ』には「ジャンブー河より採取せる百千貫もの黄金も、浄心もて仏塔を遶礼する賢者には敵わず」とある。これは実質的にはブッダ亡き後の仏塔崇拝の事情を説明したものだが、ここではブッダの言葉として語られた詩頌であり、仏塔を礼拝することが黄金よりも価値があると説かれている。この後、同様に、花環・灯明・香水などで仏塔を供養することも黄金以上に価値があり、功徳のある行為であると説かれ、そしてそれを締めくくる形で、ブッダはつぎのように説く。

生きた仏にせよ、涅槃した仏（＝仏塔）にせよ、心を浄らかにして平等に供養せば、その福徳に差別なし（Divy. 79.19–20, 469.3–4）。

このように、「涅槃した仏（＝仏塔）」に対する供養は「生きた仏（ブッダ自身）」に対する供養と等しいと説かれ、仏滅後、ブッダの遺骨を納めた仏塔が「生きたブッダ」と同一視され信仰されていた様子が窺われる。ブッダが亡くなった後も、仏塔が信仰の対象になっていたことがわかる（他にも多数の用例あり）。

無仏の世

しかし、人間の要望は一様ではない。仏塔は生きたブッダとして機能し、それに満足する人々もいたが、一方で物言わぬブッダに満足できない人々もいた。無仏の世を嘆く人々である。それを窺わせる例を『六度集経』(T. 152, iii 43a13–c20)から要約して紹介しよう。これは、仏滅後の世を遺弟が嘆くという話ではなく、ブッダが菩薩時代に無仏の世を嘆くという話である。これ自体はフィクションだが、そこには「無仏の世の嘆き」という現実が投影されている。

話のポイントは禅定波羅蜜(後述)、すなわち精神を集中する行の功徳を説く点にあるが、無仏の世を嘆く常悲菩薩(ブッダの本生)が禅定に入って諸仏に会い、その勧めで般若(=智慧)波羅蜜(後述)に長けた法来菩薩に会いに行くという物語だ。以下、その要約を示す。

あるとき、私(ブッダ)は常悲(Sadāprarudita)という菩薩だった。常悲菩薩は常に涙を流して歩いていた。その時代は無仏の世であり、経典もすべて尽きはて、沙門や声聞の集団も存在しなかったので、常悲菩薩は仏に会って経の真髄を聞きたいと常に考えていたが、その時代の世は汚れきっており、邪悪に向かっていた。世は愁うべきほど荒廃していたので、彼は嘆き悲しんでいた。

あるとき、常悲菩薩は夢の中である仏と出会ったことがきっかけで出家し、妻子を捨てて深山に入ると、閑寂な場所を住居とし、野生の草木の実を自ら食していた。彼は山の中で手を上げ、胸を叩きながら、泣き叫んで言った。「私は生まれてこの世で仏に会えず、仏の教えを聞けなかったことを怨む！　十方に現在せる世尊は皆、見聞自在であり、一切知者である。仏のお姿は麗しく、光り輝き、行かれないところはない。どうか、尊い霊力を行使し、私に仏をみさせてくださるように。そうすれば、広汎（こうはん）なる仏道の極意を聞けるように」と。

　するとそこに神が現れ、「般若波羅蜜を獲得すれば仏になれる。その教えを聞くために、あなたは東に進め」と助言した。菩薩はこの教えを受けると東に進んだが、数日して進むのを止め、深く自ら沈思（ちんし）した。《私は薄運だ。生まれてから仏に会えなかった。世間には沙門もいない。仏の般若波羅蜜は無明の闇を除く尊師であるのに、この先、どれほど遠くにいらっしゃるのか見当もつかぬ》と。

　まだ尊師に会えない間、菩薩の心中の悲しみは激しく、悲しみながら進んだ。彼の純粋な真心は極まり、諸仏の感ずるところとなった。上方より仏が飛来し、彼の前に現れて、さらに助言した。「ここから東に万里を行くと、ガンダーラ国がある。そこの法来菩薩は智慧者で、般若波羅蜜の経を解説し、何度もこれを教えている。汝はそこに赴き、彼に会うのだ。そうすれば汝は必ず仏となり、一切の衆生を救済するだろう」と。

ここで常悲菩薩は禅定から覚めた。左右を見渡したが、諸仏はいなかった。するとまた、心に悲しみを抱き、涙を流しながら言った。「諸仏の不思議な光はどこから来るのであろうか。今、それは去って、このありさまだ」と。以上が菩薩の禅定波羅蜜である。心を集中すればこうなるのである。

ここでは「無仏の世」と言いながら、夢や禅定で仏と出会っている点が重要だが（本書第六章で詳説）、傍線で示したように、常悲菩薩は無仏の世を嘆いていることから、この説話は無仏の世を嘆き悲しむ人々が、仏滅後、たしかに存在していたことを反映していると考えられるのである。

一世界一仏論

伝統仏教の枠組みでは、弥勒仏の出現まで仏はブッダ一仏しかありえず、そのほかのブッダの存在は認められないことになる。さらにやっかいなことに、ブッダ一仏に固執する伝統仏教には「一世界一仏論」という奇妙な原則があった。この原則は文字どおり、「一つの世界には一人の仏しか存在しない」ことを意味する。なぜこのような原則が生まれたのか。まずは、経典の記述（『中部』「多界経」）を紹介しよう。

一つの世界に二人の阿羅漢・正等覚者が、前でもなく後ろでもなく、同時に出現することは可能ではなく、不可能である。これは可能ではないと知る。しかし、一つの世界に一人の阿羅漢・正等覚者が出現することは可能である。これは可能であると知る（MN iii 65.14–19）。

では、なぜ同時に二人の仏がこの世界に出現しない（できない）のか。〈倶舎論〉はその理由を以下のように説明する。

世尊はただ一人で一切の場所において教化できる。一人の仏が所化の衆生を教化できない場所では、ほかの仏も教化できないからだ（AKBh 184.24–25）。

仏の力は絶大であり、一人で世界の全衆生を教化する力を充分備えているので、二人は必要ないというのが論旨だ。伝統仏教が一仏にこだわるのは、ブッダに対する絶大な信仰と敬虔さによる。ブッダを絶対視し神格化すればするほど、ブッダ以外の仏や菩薩がこの世に誕生する余地はない。そんな存在を認めることは、ブッダに対する冒瀆につながるからだ。そして涅槃に入った後も、遺骨が「生きたブッダ」として機能しているという考え方があることはすでに説明したとおりである。

その一方で、一部の仏教徒はブッダは入滅を以てその存在は消滅したと考え、それに代わって、「今、悩める私を救済してくれる現在せる仏」を希求した。阿弥陀仏に代表される救済仏の希求だ。伝統的な教義「一世界一仏論」に抵触せずに現在せる救済仏の存在を確保したいが、どうすればそれが可能になるのか。答えは、世界観を広げ、「この娑婆世界」以外にも世界は無数に存在すると考えればよい。そうすれば「一世界一仏論」に抵触せず、現在多仏の存在を容認できる。

二身説

現在多仏を認めるために必要なのは、世界観を広げることと並んで、ブッダという存在をどうみるか（ブッダ観）、あるいはブッダの身体をどうみるか（仏身観）という点も重要であった。こうして初期仏教から大乗仏教へと展開していく過程において、仏身観が問題になってきた。つまり、ブッダの入滅後、肉体的な身体が荼毘に付されて遺骨だけが残されたとき、ブッダ観の議論が本格的にスタートすることになる。

二身説とは色身と法身のことだが、色身とは肉体的な身体を意味し、これは死を以て生滅してしまう。ブッダも八〇歳を一期として彼の色身は生滅し、遺骨が色身の残滓として この世に留まった。よって色身にブッダの永遠性を求めることは妥当ではない。では当時の仏教徒はどこにブッダの永遠性を求めたのか。それが法身である。つまりブッダは法（真理）に目覚めてブッダ（覚者）になったのだから、ブッダをブッダたらしめている本質的な要因は「法（ダルマ）」であり、この法を身体とするのがブッダであると考えられるようになった。これが「法身」である。

二身説は伝統仏教の段階ですでに説かれており、大乗経典にも引き継がれている。たとえば、龍樹に帰せられる『大智度論』（大品系般若経の注釈書）は「生身（色身）の為の故に三十二相と説く。法身の為の故に無相と説く。仏身は三十二相八十種行相を以て自ら荘厳し、法身は十力・四無所畏・四無礙智・十八不共法の諸の功徳を以て荘厳す」と説明する。つまり、眼にみえる身体的特徴の三十二相八十種好で飾られているのが生身（色身）、眼にみえない十力等の諸徳で飾られているのが法身という理解だ。

さらに『大智度論』は法身・生身（色身）をそれぞれ法性身・父母生身と表現する。父母生身とは文字どおり「父母から生じた肉体的身体」に対し、法性身は肉体という限定を超えた、より抽象度の高い、それゆえに方便としてさまざまに変化しうる不滅の身体を意味していると考えられる。そして大乗経典は色身よりも法身を重視していることを随所で説いている。その典型例を〈八千頌般若経〉（第四章）から示そう。

　ここではブッダが神々の主シャクラ（＝カウシカ）と会話を交わす中で、法身重視の立場がシャクラによって表明される。冒頭でブッダはシャクラに「如来の遺骨がその頂まで充たされた閻浮提（色身）と、智慧（＝般若）波羅蜜が書き記されたもの（法身）のうち、どちらか一方が与えられるとすれば、お前はどちらを取るか」という質問を投げかける。それに対するシャクラの答えはつぎのとおり。

> 「世尊よ、私は般若波羅蜜を取ります。なぜならば、如来の導師（＝般若波羅蜜）を崇敬するからです。実にこれが如来の真正の身体なのです。なぜなら、世尊は「諸仏・諸世尊は法身である。比丘たちよ、けっして今ある身体を真の身体と考えてはならぬ。比丘たちよ、私を法身が完成したものとみよ」と言われたからです。この如来の身体は般若波羅蜜という真実の究極から顕現したものとみるべきなのです。しかし世尊よ、私がその如来の遺骨を軽視しているわけではありません。世尊よ、私はその如来の遺骨を尊重します。
>
> 　しかし世尊よ、この般若波羅蜜から生じた如来の遺骨が供養を受けるわけです。

よって世尊よ、この般若波羅蜜が供養されることで、その如来の遺骨も完全に供養されたことになるのです。なぜなら、如来の遺骨は般若波羅蜜から生じたものだからです。（中略）如来の身体（色身）は一切知者性の容器ではありますが、如来の身体は智を生ずるための縁でも因でもありません。こうして世尊よ、如来の身体をとおして一切知者の知の因となる般若波羅蜜が供養されるのです。（中略）世尊よ、如来の身体には般若波羅蜜が行き渡っているから供養を受けるのです」（AṣP 48.7–25）

へたな解説は無用なほど、色身と法身との関係が見事に描かれている。この少しあとでも、遺骨（色身）と法身との関係がシャクラの言葉として、「阿羅漢・正等覚者・如来が完全に涅槃に入られたときにも、これらの如来の身体は、一切知者の容器となったという理由で、それらの如来の遺骨が供養を受けるわけです」と説かれ、さらに念を押している。仏を仏たらしめる本質は法身であり、色身（遺骨）ではないことが強調されているが、これは伝統仏教の遺骨重視の立場を暗に批判した記述と考えられる。

三身説

二身説をもう一歩進展させたのが三身説だ。これは「法身仏・報身仏（ほうじん）・応身仏（おうじん）」とされる場合もあるし、「法身仏・報仏（＝報身仏）・化仏（＝応身仏）」、あるいは「自性身・受用身・変化身」と表現される場合もある。その具体的内容について、ここでは〈摂大乗論〉の記述を手がかりに確認してみよう。

> 〈結果としての〉智が優れていることをどのようにみるかというと、仏の三身、すなわち自性身と受用身と変化身とによって、智が優れたものであるとみるべきである。そのうち、自性身とは、諸の如来の法身である。一切の法に関して自在なることの拠り所だからである。受用身とは、諸仏のさまざまな〈説法の〉集会において顕わとなる〈仏身〉であり、法身に基づいている。極めて清浄な仏国土と大乗の法楽とを享受するからである。変化身も同じく法身に基づいている。すなわち、兜率天にいることをはじめとし、〈そこから〉死没して〈この世に〉生まれ、愛欲を享受し、出家し、外道のもとに赴き、苦行を実践し、最高の覚りを開き、法輪を転じ、大般涅槃を示すからだ (D. 4048/ #4053, Ri 37a3–7)。

この記述で注目すべきは、自性身（法身）が受用身（報身）と変化身（応身）の基盤として位置づけられていることだ。法（真理）を覚ること（＝智慧の獲得）により、その報いとして仏国土や大乗の法楽を享受するのであり、またその当然の帰結として、さまざまな衆生に応じて対機説法（慈悲への展開）するのだから、受用身（報身）と変化身（応身）が自性身（法身）を基盤とするのは当然である。

さて大乗の論書は〈法華経〉の影響でブッダを変化身（応身）と位置づけるが、二身説および三身説の模範が仏伝にあることは言うまでもない。ブッダは真理（法身）を覚り、その報いとして法楽を享受したあと（報身）、梵天勧請により、覚りの世界に留まるのをよしとせず、再び俗世間に戻ってさまざまな衆生に応じた法を説いたのであるから（応身）、三身説は仏伝におけるブッダの生き方を理論化したものであり、それとは別に三身説が新たに作り出されたわけではない。これを図式化してみよう。

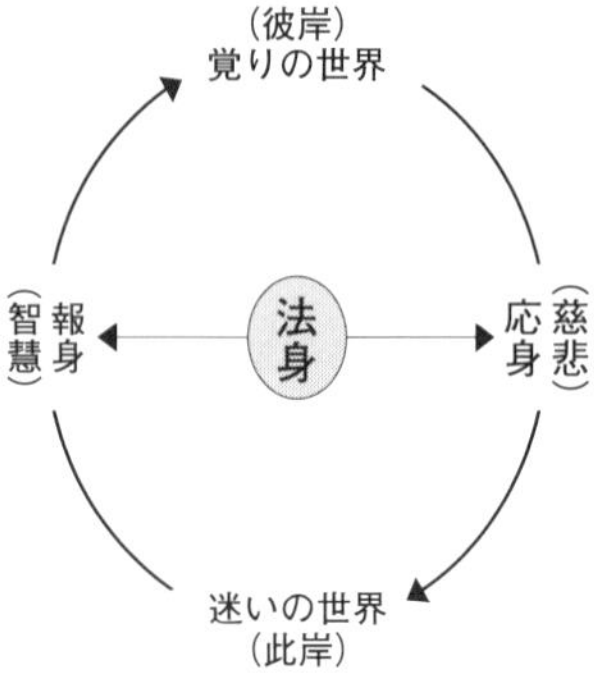

さて、大乗仏教の仏身観を考察する上で注意すべきは、三身説という理論が先行し、それに基づいて大乗経典が作られたのではないという点だ。事実は逆であり、このような構造を持つブッダの生き方をモデルに大乗経典が創作され、それを後世の論師たちが三身説として理論化したのである。このうち、どこに焦点を当てるかで大乗経典の仏身観には異なりがみられるが、どの仏身観もこの枠組みから外れることはない。

またこの三身はそれぞれ別個に存在するのではないが、後の仏典は、たとえば阿弥陀仏や薬師仏を報身に分類する。というのも、阿弥陀仏は仏になる前、法蔵(ほうぞう)菩薩として四十八の誓願を立て、その誓願を実現すべく長時の修行を積み、その報いとして西方に極楽浄土を構えたから、また薬師仏は十二の誓願を立て、その誓願を成就して東方にある浄瑠璃世界の教主という報いを得たからである。

しかしその報いを得たのは、法を覚ったからであり(法身)、また衆生に応じて説法することもあるから応身仏でもある。阿弥陀仏や薬師仏は修行の果報を享受した点が強調されるので、三身中「報身」の側面が際立ってはいるが、三身は「同一の仏の三つの側面」と理解しなければならない。

二　大乗仏教の仏

大乗経典とは

多仏思想について説明する前に、その前提となる大乗経典とその中心思想の一つである浄仏国土思想について説明する。まずは大乗経典から。

大乗仏教の興起は紀元前後頃だが、最初から大乗仏教の教団が存在したわけではなかった。部派仏教の出家者たちが、まずは自らの理念に基づいて大乗経典を創作していった。こうして大量の大乗経典が誕生する。そして三〇〇～四〇〇年が経過した後、従来の伝統仏教とは違った大乗仏教の教団が組織として独立して存在するようになる。よって大乗仏教を考えるには、まず大乗経典を考察しなければならない。

さて、初期経典と大乗経典とを比較すれば、そこには大きな超えがたい大きな壁が存在するようにみえる。両者の経典を読めば、その違いは一目瞭然だ。たとえば、経典の冒頭、ブッダの説法の会座（えざ）に参加する聴衆の数が桁違いに異なる。伝統仏教ではその数を「一二五〇人」とする経典が多いが、大乗経典ではそれが「八百万コーティ（＝八〇兆）の比丘たち」と説くものもある。

また三十二相の一つである大舌相の描写も大きく異なる。初期経典では、大舌といってもブッダの顔全体を覆う大きさであり、これでもかなり現実離れしているが、大乗経典の〈阿弥陀経〉になると、その大きさは「三千大千世界を覆う」と描写される。こうなると、我々の想像の域をはるかに超えている。

このように、大乗経典の描写のスケールは規格外であるから、伝統仏教の経典の延長線上に大乗経典を位置づけることは困難なように思われる。しかし大乗経典を子細に考察すると、たしかにその表現には大きな異同が確認されるが、結局のところ、大乗経典はブッダの生涯（仏伝）を再解釈して創作されていることを私は明らかにした。仏伝のどこに焦点を当てるかは大乗経典によって異なるが、基本的に大乗経典は仏伝の「ある部分」を再解釈して作られており、仏伝全般を意識して創作されたのが〈法華経〉である（平岡[2012; 2015]）。よって、この後とりあげる現在仏も仏伝の「ある部分」を再解釈して誕生した仏ということになる。

浄仏国土（じょうぶっこくど）思想

一世界一仏論はどういうわけか影響力のある思想だったので、当時の大乗教徒たちは、未来仏の弥勒仏は別にして、この世に仏の存在を求めることはできなかった。そこで世界観を広げることにより、この娑婆世界以外の宇宙に世界を求め、そこに仏の存在を認めていったが、それは大乗仏教の中核思想の一つである「浄仏国土思想」と大きく関わっている。

浄仏国土は「浄らかな仏の国土」を意味するが、「仏の国土を浄める」とも訓読できる。「仏国土を浄める」ことがまずあり、その結果として「浄らかな仏国土」が現出する。大乗経典にはさまざまな浄土が説かれているが、もっとも人気を博したのが阿弥陀仏の浄土である「極楽」だ。つまり「浄土」は普通名詞、「極楽」は固有名詞である。

伝統仏教は、覚りを開いて苦から解脱し、輪廻を超越した涅槃に入り、二度と再生しない状態に入ることを理想とした。問題はあくまで個人の心の持ち方次第であり、環境などの外的要因に関心が向くことはほぼないが、住む場所と覚りとは深い関係にある。たとえば、伝統仏教では六道輪廻（ろくどうりんね）が説かれるが、地獄・餓鬼・畜生・阿修羅は苦しみが多くて修行どころではない。しかし天界（神の世界）は逆に楽しみが多すぎ、怠惰に時を過ごして修行には身が入らないという。

よって、覚りを開けるのは、人間界のみということになる。初期経典をみても、人間界の領域以外で衆生が覚りを開いたという話は存在しない。苦と楽とがほどよく味わえる人間界が覚りに適していると伝統仏教では考えられていた。これを推し進めると、人間界以上に修行に適した場所を志向する考え方が出てきても不思議ではない。こうして、他方仏国土や浄土思想が誕生する素地ができあがる。

仏の住む場所が浄らかだとすれば、浄らかな国土（浄土）は、それを建立した仏の修行の結果と考えるのが自然である。こうして、大乗仏教の浄土思想は開花した。大乗の菩薩は、仏のもとで誓願を立て、その誓願を実現するために長時にわたる修行を重ね、ついには浄土を建立して衆生を教化することを理想とするから、浄仏国土思想は菩薩思想とセットである。

ともかく、菩薩の時代の修行の結果として浄らかな仏の国土が建立され、その仏国土の主として現在他方仏は君臨し、そこに往生する者を迎え入れ、修行の場を提供することになる。こうして三千大千世界という宇宙観のもと、多くの仏が、いま現在、どこかの世界で我々が往生するのを待ち構えていると考えられるようになった。

久遠実成のブッダ

現在他方仏について説明する前に、〈法華経〉で展開される、この娑婆世界のブッダをとりあげよう。〈法華経〉は歴史的ブッダ一仏にこだわるが、それは伝統仏教で説かれるブッダと同一ではない。それは大乗的に再解釈されたブッダであり、それを一言で言うなら「久遠実成のブッダ」である。ブッダは「この世に人間として生を受けて八〇歳で入滅した」のではなく、「久しく遠い昔に実は成仏していた」と再解釈したのである。〈法華経〉「如来寿量品（にょらいじゅりょうぼん）」をみてみよう。

まずブッダは世間の者たちが「世尊シャーキャムニ如来はシャーキャ族の家から出家され、ガヤーという名の大都城のほとりにある優れた菩提の座に坐って、今〈はじめて〉無上正等（むじょうしょうとう）菩提を覚られた」と思っているが、実はそうではなく、自分が無上正等菩提を覚ってから幾百千コーティ・ナユタもの多くの劫が経過していると説く。つまり今生での覚りは実は方便であり、実際は大昔にすでに覚っていたというわけだ。これが「久遠実成の仏」の意である。

そして最後の詩頌においては、「あのときも、私はこの同じ場所にいて涅槃に入ったのではない。比丘たちよ、〈涅槃に入って消滅したとみえるのは〉私の巧みな方便であって、私はこの人の世に繰り返し幾度も現れるのである」とか、「私の寿命は長く、無限の劫の長さがあるが、〈私はそれを〉昔、修行を行って獲得した」と説かれる。

中国の智顗（ちぎ）（天台大師）は『法華経』を大きく二つに分け、前半の一四品を「迹門（しゃくもん）」、また今とりあげた如来寿量品を含む後半の一四品を「本門」と称するが、この分類に従えば、前半の迹門はブッダがこの世に方便として仮に出現し、衆生を救済することを説くので、ここでは三身説の応身説が説かれていることになる。また後半の本門は方便として仮に出現した迹仏を超えて実在する久遠実成の本仏を明らかにするので、ここでは三身説の法身説が説かれていることになる。

〈法華経〉では、法身という抽象的な仏ではなく、具体的な相を持つ救済仏としてブッダをとらえようとするところが特徴だが、このあとでとりあげる〈無量寿経（むりょうじゅきょう）〉と違う点は、あくまでブッダ一仏にこだわっている点だ。〈無量寿経〉が「歴史を作ったブッダ」に別れを告げ、阿弥陀仏という新たな仏に救いを見出したのに対し、〈法華経〉はあくまで教祖ブッダにこだわり、「歴史を作ったブッダ」を「久遠実成の仏」として再生させたところにその意義が見出せる。〈法華経〉には阿弥陀仏という他方仏にも言及するが、その主役はあくまでブッダであり、ここに〈法華経〉の特徴がある。

阿弥陀仏

ではつぎに、西方で「極楽」という浄土を構える阿弥陀仏についてみていこう。まずは、阿弥陀仏の正体が実は歴史的ブッダである点を確認する。阿弥陀仏を中心的に説く大乗経典は〈無量寿経〉だが、その始まりは、梵本によると、燃灯仏よりもさらに七〇仏以上前の世自在王仏（せじざいおうぶつ）という仏が出現した時代に遡る。そのとき、法蔵という比丘がいたとされるが、古い漢訳では、出家する前、彼は国王であったという。さて法蔵は世自在王仏の前で四八の誓願を立て、その誓願を実現するため、長期の修行に励み、その結果、覚りを開いて阿弥陀仏になったと説明される。

〈無量寿経〉の概略を示せば以上のとおりであるが、ここでは授記こそ説かれていないものの、世自在王仏を燃灯仏に、また法蔵菩薩を釈迦菩薩に置き換えれば、これはブッダの伝記に様変わりする。法蔵比丘が「国王」であった点も、ブッダの出自と重なる。つまり、仏伝をベースに、「歴史を作ったブッダ」を無量の光明と無量の寿命を持つ仏として再解釈したのが阿弥陀仏なのである。さきほど〈法華経〉の解説の中で〈無量寿経〉が「歴史を作ったブッダ」に別れを告げ、阿弥陀仏という新たな仏に救いを見出したと指摘したが、実は阿弥陀仏もその本質はブッダだったというわけだ。

また〈無量寿経〉や〈阿弥陀経〉では、阿弥陀仏は覚りを開いて般涅槃したのではなく、西方の幾百千コーティ・ナユタ番目の仏国土において今なお説法していると説くが、これは阿弥陀仏が過去せる仏ではなく、今なお極楽国土で説法する現在仏として我々を救済する存在であることを強調している。このような記述は逆に「歴史を作ったブッダ」が入滅したさいの仏教徒の失意の大きさを物語っている。彼らは真摯に「今いる私」と関係のある「今いる仏」を必要とした。

では、阿弥陀仏の名前について、もう少し詳しくみておこう。「阿弥陀仏」と漢訳されるインド語には二つの系統がある。一つは「アミターバ（Amitābha）」、もう一つは「アミターユス（Amitāyus）」である。前者は「無量の（amita）光明（ābha）」、後者は「無量の（amita）寿命（āyus）」の意であるから、それぞれ「無量光仏」「無量寿仏」と漢訳される。よって「阿弥陀仏」という漢訳は、それぞれの複合語の前半にある「無量の」を意味するamitaを音訳したもので、両方を兼ねた巧みな訳語と言える。

ではどちらが本来の名前だったのか。辛嶋［2010］は言語学的な観点から、Amitābha（無量光）が阿弥陀仏の本来の名前で、後にそれからAmitāyus（無量寿）という別名が生じたと考える。〈無量寿経〉の最古の漢訳『大阿弥陀経』には「無量光」に類する訳語はあるが、「無量寿」に類する訳語はないことなどが理由だ。

では「無量寿」の起源はどこに求められるか。辛嶋は中期インド語（Middle Indic: MI）が仏教梵語化されるさいの語形変化に注目する。つまり、Amitābha > Amitābhu > MI. Amitā’u > Amitāyu > Amitāyus という変遷を経て「無量寿（Amitāyus）」が生じたとみるのである。

阿閦仏

日本人には馴染みのない仏だが、その成立はかなり古く、阿弥陀仏と同じく大乗仏教の興起時代に遡る。阿閦仏は、大乗経典の中でも最初期に成立した般若経類に顔を出すからである。阿弥陀仏が西方に位置するのに対し、阿閦仏は東方に妙喜と呼ばれる浄土を構えているとされる。

「阿閦」はインド語「アクショーブヤ」の音訳で、「不動の」を意味する形容詞である。阿閦が成仏するまでの基本的な構図は阿弥陀仏と同じであるから、その正体は、阿弥陀仏と同じくブッダということになる。ここでは阿閦仏のことを主に説く〈阿閦仏国経〉の記述を手がかりに、その内容を紹介しよう。ブッダが王舎城の霊鷲山にいたとき、シャーリプトラから過去の諸菩薩の誓願と精進の鎧に身を固めることの行について質問され、それに答える形で阿閦仏のことが説かれる。

東方の千世界を超えたところに妙喜という仏国土があり、かつてそこに大目如来が出現した。大目如来は諸菩薩のために説法し、六波羅蜜の行を説いた。そのとき、一人の比丘が大目如来に菩薩の行を学びたいと申し出た。そこで、大目如来は「菩薩道は修しがたい。というのも、菩薩は一切の生類に怒りの心を起こしてはならないからだ」と答えた。すると、その比丘は「私は今から覚りを開くまで、怒りの心を起こしません」などの誓いを立てた。こうして、その比丘は初発心以来、偉大な精進の鎧に身を固め、怒りの心を起こさなかったので、「阿閦」と呼ばれるようになったのである。

阿閦菩薩は大目如来に対して厳しい修行に専心することを誓願し、その誓願の真実なることを証明するために、右指で大地を按ずると、大目如来の威神力と阿閦菩薩の誓願力とで大地が六種に震動した。そこで大目如来は阿閦菩薩に成仏の記別（予言）を与えると、ブッダが過去世で燃灯仏から記別を受けたときと同じ奇瑞が現れ、三千大千世界はすべて明るく照らし出され、諸天は伎楽を以て阿閦菩薩を供養した（静谷［1974］）。

これも仏伝を意識して創作されていることは明らかである。燃灯仏と釈迦菩薩の関係は、大目如来と阿閦菩薩の関係に置き換え可能であるから、阿閦仏もブッダを大乗的に再解釈した仏ということになる。授記（記別を授けること）が重視されていること、また阿閦菩薩が大目如来に授記されたとき、釈迦菩薩が燃灯仏から授記されたときと同じ奇瑞が現れたと説く点は、〈無量寿経〉以上に仏伝を意識していると言える。

その成立は早いものの、それほど阿閦仏信仰が流行しなかった原因は、その往生方法にあるとも言われている。阿閦仏の仏国土に往生するには六波羅蜜の実践が必要になるが、これは阿弥陀仏の仏国土に往生する方法が念仏などであったことと比較すると、やはりハードルが高い。

薬師仏

阿閦仏とは違い、薬師仏は日本でもそれなりに名の知れた仏である。日本に仏教が招来されて間もなく、薬師仏は現世利益の仏として信仰され、「薬師」の名からもわかるように、病気平癒を祈願して薬師仏像は造立された。奈良時代になると、薬師仏の造像および薬師経の読誦や書写は盛んに行われたようで、中国でも一定の薬師仏信仰は確認されるが、本国インドの薬師仏信仰となると、その輪郭は途端に不明瞭となる。

まず指摘すべきは、薬師仏の像はインドで一体も確認されていない点だ。よって、薬師仏はインドで信仰の対象となっていたのかどうかは不明。しかし、薬師仏を説くインド語の経典は現存する。「薬師」と漢訳される原語は「バイシャジヤグル」であり、「薬（バイシャジヤ）」の「師匠（グル）」を意味するが、これは省略形であり、フルネームは「バイシャジヤグル・ヴァイドゥールヤ・プラバ」である。「ヴァイドゥールヤ（瑠璃）」＋「プラバ（光）」なので、全体として「薬師瑠璃光（如来）」となる。

このインド原典は、カシミールの北境に近いギルギットで発見された多くの仏教写本に含まれていたもので、その書体から六～七世紀と推定され、薬師仏の成立の下限はひとまずそこに設定できる。その漢訳をみると、全部で三本あるが、最古のものは『仏説灌頂経』であり、これは帛尸梨蜜多羅が三一七～三二二年に漢訳しているので、薬師仏を説く経典は四世紀までには成立していたと推定できよう。

　経典の記述によると、薬師仏は東方の無数にも等しい仏国土を越えたところにある「浄瑠璃」という仏国土の主とされる。なお、薬師仏については、阿弥陀仏や阿閦仏のように、菩薩時代の誓願や行について語られることはない。

毘盧遮那仏から大日如来へ

　これまでとりあげてきた阿弥陀仏・阿閦仏・薬師仏は現在他方仏として、三千大千世界という壮大な世界観・宇宙観のもとに展開したが、ここでとりあげる毘盧遮那仏（びるしゃなぶつ）および大日如来（「大日仏」よりも「大日如来」の方が市民権を得ているため、この呼称を用いる）は、現在他方仏の系統とは異なった文脈で誕生した仏である。

「毘盧遮那」の原語は「光り輝く」を意味する「ヴァイローチャナ」の音訳だが、「大日」の原語は「マハーヴァイローチャナ」であり、「マハー（大きな）」という形容詞が付された意訳である。というわけで、歴史的には毘盧遮那仏の発展系が大日如来であるから、ここでは両者を別立てせずに扱う。

　まずは、歴史的に大日如来に先立って登場した毘盧遮那仏から説明しよう。毘盧遮那仏が説かれる経典は〈華厳経〉だ。本経はさまざまな経典からなる複合体であり、〈十（じゅう）

地経〉や〈入法界品〉などの単独の経典を含むが、四世紀頃に中央アジアで編纂された。そしてその漢訳に六十華厳（仏駄跋陀羅訳：四一八～四二〇年）と八十華厳（実叉難陀訳：六九五～六九九年）という二つの系統がある。

では田中［2020］に基づき、その成立を整理してみよう。〈華厳経〉は大部の経典であり、その成立にもかなりの時間を要したようだが、その初期の段階で成立した部分をみると、毘盧遮那仏はもともとブッダの異名だった。すなわち、ブッダガヤの菩提樹のもとで覚りを開き、法と一体となったブッダを「光り輝く（毘盧遮那）」と形容したことに始まる。

しかし、成立の遅れる部分をみると、時間的には過去・現在・未来の三世、空間的には十方（四方四維＋上下）の諸仏を統合する宇宙的な仏と考えられるようになる（これを視覚的に表現したのが東大寺の大仏＝毘盧遮那仏）。そして、三身説が説かれるようになると、ブッダ（釈迦牟尼仏）は応身、毘盧遮那仏は報身に配される。

〈華厳経〉の成立以降、「ヴァイローチャナ（毘盧遮那）」の名前は、中後期大乗経典にはほとんど現れず姿を消してしまうが、密教の時代を迎えると、「ヴァイローチャナ」は「マハー」を冠し、「マハーヴァイローチャナ（大日）」となって、再び仏教の主役の座に躍り出る。その復活に大きな役割を果たした経典こそ、胎蔵界曼荼羅を説く『大日経』であった。

つぎに、頼富［2007］の説明を紹介しよう。頼富は〈華厳経〉の毘盧遮那仏を、覚りそのものを象徴した法身と理解し、宇宙に遍満（へんまん）する法身の毘盧遮那仏が十方において同時に存在していると考える。これはさきほどの説明で言えば、〈華厳経〉の成立の遅い部分に基づく理解である。これをふまえ、頼富は〈大日経〉と〈金剛頂経（こんごうちょうきょう）〉において、毘盧遮那仏からの発展系である大日如来の性格をつぎのように整理する。

〈大日経〉の大日如来は〈華厳経〉の毘盧遮那仏を意識しながらも、法身という抽象的な概念に留まらず、曼荼羅に出現し、衆生と仏の等質性を提起するという、いわば「作用」を伴う法身として密教化した。一方、〈大日経〉にやや遅れて成立し、より密教的に整備された〈金剛頂経〉は、二種の大日如来を設定するという。一つは時空を超えて大宇宙に遍満する法身としての摩訶（まか）毘盧遮那仏（大大日如来）、もう一つはそこから出現して曼荼羅の中心に位置づけられる報身としての毘盧遮那（金剛界大日如来）である。

〈華厳経〉によれば、毘盧遮那仏は法身（形而上）の性格を持つが、その一方で、密教に取り込まれ、曼荼羅の主尊としても位置づけられる大日如来は報身（形而下）の性格も持たねばならない。このように密教化した毘盧遮那仏、すなわち大日如来はアンビバレントな性格を持つ仏ということになる（毘盧遮那仏と大日如来については、大正大学名誉教授の野口圭也先生に有益な御教授を頂戴した。謝意を表する）。

第二部

菩薩（Bodhisattva）

第四章

菩薩の分類

第二部では、平岡［2020］に基づき、菩薩を解説する。本来、菩薩はブッダが成道するまでの呼称として使われたが（本生の菩薩）、大乗仏教になると、ブッダを模範として覚りをめざす大乗教徒は自分たちを「菩薩」と自称した（向上の菩薩：上求菩提）。一方、観音菩薩のように、覚りの世界から下ってきて衆生を救済する菩薩（向下の菩薩：下化衆生）も大乗経典には登場する。ここでは菩薩を三種に分類して整理する。

一．本生の菩薩

菩薩の語義と起源

菩薩は「菩提薩埵」の省略形であり、原語は「ボーディサットヴァ／ボーディサッタ

(Bodhisattva/Bodhisatta)」である。これは「ボーディ」と「サットヴァ」の合成語であり、「ボーディ」とはBuddhaと同じ√budhから派生した名詞であるから「覚り／目覚め」を意味する。一方、「サットヴァ」は「衆生／有情」と漢訳され、「生きとし生けるもの」を指し、人間のみならず、神や動物をも含む。

輪廻（五道／六道）の領域の生類はすべて「サットヴァ」と呼ばれる。この二語が合体すると「覚りの衆生」となるが、干潟［1978］はもっとも率直な意味として「智慧ある衆生／智慧を本質とする衆生／知恵を持てる衆生」の三つを挙げ、本来的な意味は「菩提（智慧）を求めて修行し、菩提を得ることが確定している衆生」とする。

つぎに、その起源を考察する。菩薩という呼称の起源について定説はまだないが、ここではその一つの説を紹介する。ブッダ自身は輪廻を認めていなかった可能性が高いが（並川［2005］）、仏滅後、仏教は輪廻を前提とした教理の体系化に踏み出し、ブッダの覚りの神格化はブッダの過去世物語を産出した。つまり、ブッダの覚りは今生の六年間の修行だけで成就したのではなく、無数の去世での修行の積み重ねで可能になったと考えられた。これが「ジャータカ」と呼ばれるブッダの本生（前世）物語だ。

こうして多くの本生話が作られ、人や動物に輪廻しながらブッダは布施を中心とするさまざまな行を実践してきたと説かれるようになるが、その一方で本生話創作の過程で修行の起点が問題になる。「そもそもこのような修行の出発点をどこに求めるべきか」と。これに答える形で考案されたのが、燃灯仏授記の話だ。繰り返しになるが、再説する。

パーリ伝承では、スメーダ（ブッダの本生）が将来の成仏を決意し、泥の上に自らの髪を敷いて燃灯仏を渡すと、成仏の誓願を立てたので、燃灯仏はスメーダの成仏を予言した。これを起点にしてブッダは修行を積み、覚りを求めることになるが、この燃灯仏授記に「菩薩」の起源を求めるのが平川［1989］だ。燃灯仏授記以降、ブッダはまだ覚りを開いてはいないが、燃灯仏に授記された時点で将来の覚りは確定しているから「単なる衆生」でもない。こうして彼は燃灯仏授記以降「菩提を求める衆生／菩提を得ることが確定している衆生」となり、「菩薩」と呼ばれるようになったと平川は推定する。

この平川説には批判もあり（勝本［2011］）、菩薩の起源について説得力ある説はまだないが、本書では干潟の説に基づき、菩薩を「菩提（智慧）を求めて修行し、菩提を得ることが確定している衆生」と理解し、またその起源についても、ひとまず燃灯仏授記を起点として論を進める。伝統仏教の菩薩は、ブッダの未正覚時の名前として用いられるのが一般的だから、過去仏の未正覚時を除けば、菩薩はブッダ一人しか存在しないし、それ以外の菩薩を認めることもない。

菩薩観の変遷

大乗仏教の特徴の一つは「成仏」に求められる。伝統仏教の「成阿羅漢」に対し、大乗仏教は「成仏」をめざす。こうして「仏」は固有名詞から普通名詞に変容する。これに呼応し、成仏をめざす者はブッダと同様に菩薩になることが求められるので、菩薩も固有名詞から普通名詞に変容し、「誰でもの菩薩」(静谷［1974］)が誕生する。

当初、固有名詞として出発した菩薩は、仏教の教祖ブッダの本生ゆえに、唯一無二の「崇高な菩薩」だったが、大乗の菩薩は「誰でもの菩薩」である。大乗仏教では、ブッダを模範に自ら覚りをめざして修行する人は誰でも「菩薩」と呼ばれる。下田［2004］は「仏教徒にとってブッダの生涯は客観的な歴史記録という次元に閉ざされたものではなく、何よりも仏教徒のめざすべき理想を、生涯のかたちで描いたものでなければならない」と指摘し、燃灯仏授記にはじまる「偉大な菩薩」は崇拝の対象になりえたと同時に、自らを反映させるべき鑑にもなりえたと述べる。

伝統仏教の菩薩から大乗仏教の菩薩への移行は、菩薩という呼称が固有名詞から普通名詞へ移行することを物語る。こうして菩薩は多義にわたるため、まずはこの事情を押さえる必要がある。そして普通名詞化した菩薩は、つぎの段階として再び固有名詞化される。それが「観音菩薩」をはじめ、信仰の対象ともなる固有名詞を持つ菩薩だが(後述)、ここでは固有名詞（偉大な菩薩＝ブッダ）から普通名詞（「誰でもの菩薩」＝我々）の推移を確認することに留める。

伝統仏教の本生菩薩

では、伝統仏教で説かれる本生菩薩の具体例を紹介しよう。燃灯仏授記以来、ブッダは菩提をめざし、また菩提が確定した菩薩として輪廻を繰り返しながら、布施を中心とする菩薩道を実践するが、ブッダはいつも人間として生まれ変わったわけではなく、ときには動物として菩薩道を実践した。「サットヴァ」は「生きとし生けるもの」全般を包含する用語なので、動物も菩薩たりえる。

たとえば、日本人によく知られる「ウサギ本生話」は、ブッダがウサギとして布施行を実践する話だ。婆羅門に変装した帝釈天が食を求めたため、ウサギ（ブッダの本生）は自ら火の中に飛び込んで自分を焼き、自らの身体を食として婆羅門に施そうとした。この火はウサギの決意を試すために帝釈天が化作したものだったので、実際にウサギは焼けることはなく、帝釈天はこのウサギの偉業を後世に伝えるために山の汁を搾って月にウサギの絵を描いたという。

もう一つ、日本人に馴染みのある本生話は、法隆寺所蔵の玉虫厨子（たまむしのずし）に描かれる「捨身（しゃしん）

飼虎（しこ）」だ。これは、飢えに苛（さいな）まれて出産直後に我が子を食べようとしていた牝虎を目撃した婆羅門（ブッダの本生）が崖の上から身を投げ、自らの身体を食として牝虎に施した話である。この話では、婆羅門は実際に牝虎に食われて命を落としてしまう。本生話にはこうした血なまぐさい話も散見する一方、イソップ寓話を彷彿（ほうふつ）とさせるジャータカも数多く存在する。いくつかを紹介しよう。

昔々、猟師が網で多くのウズラを捕まえ、籠に入れると大量の餌を与え、太らせてから市場で売ろうとした。ウズラたちはお腹いっぱい食べて食欲を満たしたが、一匹の賢明なウズラ（ブッダの本生）だけは食事を取らなかった。ちょうど売るのに適した大きさになると、ウズラたちは市場に連れて行かれたが、猟師がその賢明なウズラを籠から出して、「こんなに痩せていては誰も買わないな」と掌に置いた瞬間、彼は飛び立って難を逃れた。

ガンジス川にいたワニの夫婦は岸辺のサル（ブッダの本生）をみると、妻はその心臓を食べたくなり、夫にそのサルを捕まえるように懇願する。夫は一計を案じ、サルに「川の反対側に美味しい果実があるが、私がお前を対岸に渡してあげよう」と持ちかけた。それに応じたサルはワニの背中に乗ったが、その中間あたりでワニは水中に沈み、サルを溺れさせようとした。そしてワニが真実を告げると、サルはもとの岸辺に生えているイチジクの木の実を指さし、「真実を告げてくれてよかった。実はサルは木を飛び回るとき、身を軽くするために心臓を取り出して木に掛けているんだ。あれが私の心臓だよ」と言って、引き返すように指示した。愚かなワニはそれを真に受け、もとの岸辺にサルを戻すと、「君は体はでかいが、脳みそは小さいね」と馬鹿にされてしまった。

一口に「ジャータカ」と言っても、かなりの多様性がある。ジャータカの中には仏教内部で創作されたものもあるが、外部から取り込まれた話も相当数あるからだ。こうして多様なジャータカが創作されたが、その地域も多様なために創作されるジャータカも多様性を帯びる。パーリで伝承されるジャータカは中インドないし北東インドで創作されたため、牧歌的なジャータカが多い。

一方、捨身飼虎に代表される血なまぐさいジャータカは西北インドで成立したと考えられている。西北インドには菩薩の修行処に記念のストゥーパが建立され、そこで菩薩は自分の目を施したり、自らの頭を布施したりするといった血なまぐさい話が目立つ。というのも、西北インドは遊牧民族が活躍した場所であり、常に異民族の侵入に遭い、戦闘に明け暮れた場所であるからだ（杉本［1993］・宮治［1996］）。

大乗仏教の本生菩薩：雪山童子と常不軽菩薩

伝統仏教では、それ自体で完結する単独のジャータカ文献が創作された一方で、伝統仏教の律文献などにはさまざまなジャータカが挿話としてはめ込まれている。それは単独のジャータカ文献から引用される話もあれば、新たに創作された話もある。同様に、大乗経典の中にも、従来のジャータカ文献に起源を持つ話が引用される場合もあるし、大乗経典創作の段階で新たに作られた話も存在する。ここでは、後者のジャータカを二つ紹介しよう。一つは〈大乗涅槃経〉の雪山童子(せっせんどうじ)、もう一つは〈法華経〉の常不軽(じょうふきょう)菩薩である。まずは雪山童子から。

昔々、婆羅門(ブッダの本生)が雪山に住して菩薩行を実践していたが(雪山童子)、大乗の教えをまだ知らなかった。それを知った帝釈天は菩薩の決意を試そうと、自ら恐ろしい羅刹(らせつ)に変装し、菩薩の前に姿を現すと、過去仏が説いた偈の半分である「諸行は無常なり。是れ生滅の法なり」を菩薩に説いた。それを聞いた菩薩は大いに喜び、残りの半分も聞かせてほしいと羅刹に懇願し、聞かせてくれたら、羅刹の弟子になるとも申し出たが、腹を空かしていた羅刹が求めていたものは食(人の肉血)であった。

それを知った菩薩は「残りの半偈を説いて聞かせてくれたら、自らの身体を食として布施する」と羅刹に約束した。そこで羅刹は残りの半偈「生滅(しょうめつ)滅(めっ)し已(おわ)りて、寂滅を楽と為す」を説いて聞かせた。所願を成就した菩薩は、その偈を石・壁・樹・道などに書き付け終わると、高い木に登り、そこから身を投じた。その瞬間、羅刹は本来の姿(帝釈天)に戻り、菩薩の身体を受けとめると、大地に菩薩を立たせた。帝釈天は菩薩の決意を称え、必ず未来世に成仏することを予言すると、忽然として姿を消した。

雪山童子のモティーフは先述のウサギ本生話のそれに近いことは一目瞭然だが、ここで注目すべきは、本書第二章で確認した仏と法との関係が明確に示されている点だ。ここでブッダはまだ仏ではなく菩薩であるが、法のために自らの命を犠牲するので、仏（菩薩）の存在は法によって相対化されている。

ではつぎに、〈法華経〉所説の常不軽菩薩をとりあげよう。これは宮沢賢治の「雨ニモマケズ」の題材にもなった菩薩である。

昔々、威音王（いおんのう）如来が世に現れ、般涅槃した後、正法が消滅し、正法に似た教えも消滅しつつあった頃、かの如来の教誡が高慢な比丘たちに攻撃されるということが起こった。そこに、常不軽という菩薩（ブッダの本生）がいた。なぜそう呼ばれていたかというと、その菩薩は出家者や在家者の誰に対しても、「私はあなた方を軽蔑しません。それはなぜかというと、あなた方は皆、菩薩行を行ずれば、将来、仏となる人だからです」と言っていたからだ。彼にそう言われた者たちは腹を立て、悪意を抱いて彼を非難し、「無上正等菩提を得るなどと、望んでもいない虚偽の予言を我々に与えるとは、我々を侮辱している」と憤ったが、常不軽菩薩は誰にも腹を立てず、悪意も起こさなかった。

こうして多くの年月が過ぎ去り、菩薩に死期が近づいたとき、彼は空中からの声によって〈法華経〉を聞いた。彼は神通力で自分の寿命を長期にわたって延長し、〈法華経〉を説き明かした。以前は彼を軽蔑していた者たちも彼に従い、また別の人々を覚りに導いたのである。過去世で〈法華経〉を受持していたからこそ、このようにすみやかに無上正等菩提を覚ったとブッダ自身が最後に語る。

二. 向上の菩薩

伝統仏教における出家と在家

ここでは固有名詞の本生菩薩が普通名詞化し、大乗仏教の担い手を菩薩とみなす「誰でもの菩薩」を紹介する。これは「上（菩提・解脱）を向いて修行する菩薩」という意味で「向上の菩薩」と呼ぶ。

平川説により、かつては大乗仏教の担い手を在家者とする考えが支配的だったが、現在、大乗仏教は出家者が中心となり、在家者も巻き込んで興起したと考えられている。よって、その担い手である菩薩も在家菩薩と出家菩薩という二種が登場した。そこで、本論に入る前に、伝統仏教における出家者と在家者の関係を整理しておく。

　出家者には覚りを開いて輪廻から解脱できる可能性があるが、在家者にはそれがないので、現世では今よりも勝れた境涯を死後に求めることになる。在家者に対する代表的な説法は「次第説法」と呼ばれ、布施して功徳を積み、持戒して徳を積んで、死後は天界に生まれることが説かれた。つまり「布施・持戒・生天」という次第説法の内容が在家者の「具体的実践（布施・持戒）」と「目標（生天）」ということになる。

　一方、出家者は在家の生活を捨て、文字どおり家から出て修行者の生活に入る。出家者となれば修行して煩悩を滅し、覚りをめざす。つまり、出家者と在家者とでは、現世での目的が大いに異なるのだ。とはいえ、最終ゴールは出家者も在家者も同じである。在家者は暫定的に生天をめざすが、それは最終目標ではない。いつか人間として生まれ変わり、出家して解脱するのが最終ゴールなのである。

　次第説法の最初に位置する「布施」は基本的には在家者の実践徳目だが、広く言えば、出家者も布施を行った。ではここで「布施」という観点から、出家者と在家者の違いを確認してみよう。

　インドの出家者は修行に集中するため生産活動には携わらなかったので、衣食住の援助は在家者に頼らざるをえなかった。衣のもとになる布（衣）、乞食（托鉢）による日々の食事、そして出家活動の拠点となる精舎（住）はすべて在家者の布施によるものである。このような物質的な布施を「財施」と言う。

しかし、出家者は布施をもらってばかりいたわけではない。では、生産活動に携わらない出家者が施せたのは何だったか。それを法（教え）を説くこと、すなわち「法施」だ。つまり、出家者は在家者の財施に対し、法施で応えた。ここに、出家者と在家者との間に布施のギブアンドテイクの関係が成立する。

このように、出家者と在家者とはさまざまな面で違いがみられるが、では本当に在家者のままでは覚れないのか。藤田［1964］の「在家阿羅漢論」を参考に考えてみよう。その要点は、在家者でも阿羅漢の覚りには到達できるが、阿羅漢になってしまえば、在家に留まることはできず、必ず出家しなければならないというところにある。在家の生活には、さまざまな障壁があるからだ。

最初期の段階では、在家者も阿羅漢になると考えられていたが、その後、出家主義が教団で進行する中で、『ミリンダ王の問い』はつぎのように両者を会通（えつう）した。「在家者で阿羅漢果に達した者には二つの道があり、ほか〔の道〕はない。即日に出家するか、般涅槃（死）するかである。彼はその日を過ぎることができない」と。

これは、仏伝の記述とも一致する。成道直後のブッダに教導されたヤシャスは阿羅漢となるが、その後、彼は直ちに出家する。そのとき、ブッダは「良家の息子ヤシャスは、還俗してかつて在家の状態にあったときのように諸欲を享受することはできない」と述べ、ヤシャスの父親の同意を得て出家が認められた。このように、阿羅漢になれば、在家の生活で諸欲を享受できないというのが伝統仏教の基本的立場だった。

在家の菩薩

伝統仏教では解脱や覚りに関して出家者は在家者よりも優位な立場にあったが、大乗仏教でもこの点は大きく変わらない。ただし、大乗経典によっては在家者の方を優位に説くものもあるので、一概には言えない。この点に留意しながら、龍樹の『十住毘婆沙論』の記述を手がかりに、まずは在家の菩薩から説明しよう。

この論書は〈十地経〉の注釈書だが、〈十地経〉のみならず、諸種の初期大乗経典の中から大乗菩薩道についての要説をとりあげて解説するので、〈十地経〉の註釈書というよりは、大乗菩薩道について経の要点をまとめた独立の論書である。十地の解説とはいえ、第二地までの所説しかなく、第三地以降は存在しない(その理由は不明)。そして同書の構成全三五品(章)をみると、在家菩薩と出家菩薩の関係は一目瞭然だ。

・序品（第一章）：全体の総説
・入初地品（第二章）～入寺品第（第一七章）：在家菩薩の行法（初地）
・共行品（第一八章）～略行品（第二七章）：在家菩薩と出家菩薩の共行としての行法
・分別二地業道品（第二八章）～戒報品（第三五章）：出家菩薩の行法（第二地）

「共行」とは、出家の菩薩の行法を在家の菩薩が在家生活を営みつつ実行することを意味するが、換言すれば、在家の菩薩から出家の菩薩への移行段階（準備期間）と理解できる。この構成が示すように、同書は在家の生活（初地）よりも出家の生活（第二地）の優位を説く。

ただし、〈郁伽長者所問経（いくがちょうじゃしょもんぎょう）〉では、在家の生活を非難し、出家の生活を称讃する一方で、ブッダは「アーナンダよ、この郁伽長者は家に留まり、この賢劫で実に多くの衆生を成熟させるだろう。出家菩薩は、千劫あるいは百千劫をかけてもそうはできない。それはなぜか。アーナンダよ、この長者にあるような徳は、千人の出家菩薩にもないからだ」と郁伽長者を称讃する。

しかし、これは郁伽長者個人を称讃したものであり、在家菩薩一般を称讃してはいないので、大乗仏教の基本スタンスは出家菩薩優位である。では、在家菩薩は実際にどんな活動をしていたのか。六波羅蜜の実践や菩薩戒の遵守などは想像できるが、ここではそれとは違った在家菩薩の活動を、香川［2003; 2005］に基づき紹介しよう。

出家者同士の間に闘争が生じたさいには、在家菩薩が直接関与してその解決に尽力し、正法の護持に尽力すべきことが〈郁伽長者所問経〉に説かれている。在家菩薩は出家菩薩にはできない財施を行使できるので、布施を通して僧団に相当の影響力を持っていたと香川は指摘する。在家者が出家者の闘争の仲裁をするとは実に興味深い。

もう一つ、布施に関して両者の違いを紹介する。大乗の在家者あるいは在家菩薩の戒を説いた『優婆塞戒経』によれば、在家菩薩も法を説くべきことが示され、大乗に心を向けていない出家者には在家菩薩が法を説き、財施も行って大乗へと導くべきことが説かれる。となると、出家菩薩は法施しかできないが、在家菩薩は財施と法施の両方を行えるので、『優婆塞戒経』における在家菩薩の地位はかなり高くなる。だが、在家菩薩が法施を行うためには出家菩薩からの聞法が不可欠なので、ここに『優婆塞戒経』は出家菩薩の存在意義を認めていると香川は指摘する。

出家の菩薩

伝統仏教の出家と在家の関係を踏襲し、菩薩思想でも出家菩薩が在家菩薩の上位に位置づけられる。さきほど確認したように、在家菩薩も出家菩薩をめざすように推奨される。その理由は、在家の生活が覚りをめざすのに適していないからだ。では、ナティエ（Nattier［2003］）に基づき、〈郁伽長者所問経〉の具体的な中身を確認してみよう。

まず、ブッダは三帰依（さんきえ）や五戒から在家の菩薩の実践を説明し、ついで在家菩薩は家庭生活の過失を熟知すべきこと、妻や子に愛着を抱かぬように注意すること、また出家者を尊崇することなどを説く。こうして在家菩薩の実践が詳説されると、つぎは出家の生活が詳説される。「いかなる菩薩も、家庭にいては無上正等菩提を正等覚することはない。彼らはすべて在家の生活を離れ、森を思い、森に向かい、森に至って、無上正等菩提を正等覚する」と前置した後、ブッダはこう指摘する。

「在家は世俗に留まって塵にまみれ、出家は仏と彼の声聞たちによって構成され、浄（きよ）い。在家は過失に執着することが多く、出家は功徳を具足することが多い。在家は不安であり、出家は安穏である。在家には執着の垢があり、出家は執着から離れている。在家は悪行の根元であり、出家は善行の根元である。在家は塵の中にあり、出家は塵の中にない。

在家は欲望の泥に沈み込み、出家は欲望の泥から引き上げられている。在家は愚者に近づき、出家は賢者に近づく。在家は生活を浄めにくく、出家は生活を浄めやすい。在家は嫉妬が多く、出家は嫉妬がない。在家は貧苦が多く、出家は貧苦がない。在家は憂いの住処であり、出家は喜びである。在家は悪趣への下降階段であり、出家は悪趣からの上昇階段である。在家は束縛であり、出家は解脱である。在家は恐れがあり、出家は恐れがない（後略）」（D. 63, Ṅa 271b2–7）

ナティエは「本経は出家の菩薩の生き方を称讃し、それはブッダのような修行のエリートのみが完遂できる実践道であり、一般大衆のよく耐えるところではない点を強調している」と理解する。つまり、菩薩は「仏教徒としてもっとも困難な道ゆき、究極の道を選択した少数精鋭(せいえい)（a few good men）の仏教修行者たち」を意味すると指摘する。

さらにナティエは、「〈郁伽長者所問経〉の作者にとって、大乗とは学派（school）でもなく、教団（sect）でもなく、運動（movement）でもない。それは既成の仏教教団の中にあって追求されるべき格別な精神的使命である」と本経の菩薩思想を総括する。これに対し下田［2004］は、「菩薩は異なった教団を構成しているのではなく、既成の教団の中にあり、異なった学説を建てることはなくブッダが歩いた道を遵守し、何らかの組織的な運動を行うものではなく、仏となるための使命のみを持っている」とコメントする。つまり、菩薩はナティエの言う「仏教徒としてもっとも困難な道ゆき、究極の道を選択した仏教修行者」ということになろう。

三．向下の菩薩

観音菩薩

つづいて、信仰の対象にもなった菩薩、すなわち向下の菩薩を説明する。これには数多くの菩薩が存在するが、紙幅の都合上、ここではその代表格であり、日本人にも馴染みのある観音菩薩と地蔵菩薩のみをとりあげる。まずは観音菩薩から。

この菩薩の本来の名称は「アヴァローキテーシュヴァラ（Avalokiteśvara）」と推定される。複合語の前分 Avalokita は ava √lok（観る）の過去受動分詞、そして後分は īśvara であり、「〜できる」あるいは「自在者」を意味するため、全体で「観ることが自在な（者）」という意味から「観自在」と漢訳される。「イーシュヴァラ（īśvara）」はヒンドゥ教のシヴァ神の別名ゆえに、観音菩薩がヒンドゥ教の影響で誕生したとも考えられる。では「観自在」がなぜ「観音」となるのか。それは Avalokitasvara が「アヴァローキタスヴァラ

(Avalokitasvara)」に訛化(がか)した結果であろう。複合語の前分は同じだが、後分のsvaraは「音」を意味し、全体で「観音」と漢訳される。

また漢訳では「光世音(こうぜおん)／観世音」という呼称もある。「光世音」の「光」は√lok(観る)が√ruc(光る)に通じるという説もあるが、いずれの場合も「世」の由来は審(つまび)らかではない。観音菩薩はその名前の由来について謎の多い菩薩と言えそうだ。ともかく、ここでは広く流布(るふ)している「観音」の名称を用い、〈法華経〉「観世音菩薩普門品」(単独で『観音経』とも呼ばれる)の内容を紹介しよう。

この品では、冒頭での無尽意(むじんい)菩薩の質問「なぜこの菩薩は観音と呼ばれるのか」に対し、ブッダは「人はどのような苦悩を経験していても、観音菩薩の名前を聞いて一心にその名を称えれば、苦悩から解放されるだろう」と前置きし、「即時に其の音声を観じて皆な解脱を得せしめん(即時観其音声皆得解脱)」と観音の名前の由来を説明する。そしてこの後、観音菩薩の救済力が詳説される。

大火の中に落ちた者、河の流れに巻き込まれた者、大海で羅刹に襲われた者、手枷足枷につながれた者、盗賊に襲われた隊商主など、「南無観世音菩薩」とその名を称えれば、それらの厄難から逃れられるという。また衆生を救済するために、観音菩薩は仏・独覚(どっかく)・声聞・梵天・帝釈天などに身を変じる(化身)とも説かれる。その化身の数は三三にのぼり、これが日本の西国三十三所の観音霊場巡礼の根拠となる。

この観音菩薩は阿弥陀仏の脇侍として極楽浄土にいるとされる一方、〈華厳経〉「入法界品」では補陀洛山（ポータラカ）という霊場に住むとも考えられた。「入法界品」は、善財童子が五三人の善知識（善き友）を歴訪し、菩薩道の実践とは何かを問う物語だ。その二七番目の善知識として観音菩薩が登場するが、観音菩薩は補陀洛山の山頂の西側にいるとされる。

玄奘も『大唐西域記』で補陀洛山に言及する。その山は非常に険しいため山頂まで辿り着く者はわずかで、山の下の住民がその姿をみたいと祈願すれば、観音菩薩は自在天（シヴァ神）の姿となって人々を慰め諭すというが、ここにも観音信仰とヒンドゥ教との関係を見出せる。この観音信仰や補陀洛山の信仰はチベットにも伝えられ、大きな影響を与えた。チベット仏教ゲルク派の法王ダライ・ラマは観音菩薩の化身と考えられ、その宮殿はポタラ宮殿と言われるが、これは補陀洛山に由来する。

観音菩薩の変化身

観音菩薩の特徴はその「変化／変身」にある。密教は多様な観音菩薩を誕生させたが、これを「変化観音」と言う。インドでは正統宗教のバラモン教とインド土着の宗教とが習合し、ヒンドゥ教を誕生させた。ここで礼拝される神々は基本的に人の姿で表現されるが、中には多面・多臂を持つ者や獣頭人身を持つ者など多種多彩であり、その表現方法は「化身(avatāra)」と「相(mūrti)」の二つがある。

「化身」とは「神が正体を隠して何かに化けること」を意味する。一方、「相」とは「最初からその姿を明かしてさまざまな姿を現す」ことだが、変化観音には「相」に似た表現方法が見出されるので、十一面観音や千手観音などの変化観音は観音菩薩の〝化身〟ではなく、それぞれが観音菩薩〝そのもの〟なのである。

また変化観音の姿には、ヒンドゥ神の図像学的特徴の一部が少なからず「転移」している。転移とは、ある尊格の図像学的特徴が、別の尊格の特徴として取り込まれることを言う。変化観音の場合、ヒンドゥ教の図像学的特徴は、敵対する要素としてではなく、融和すべき要素として取り入れられるのが一般的だが、それは仏教とヒンドゥ教との間の摩擦を緩和する役割を果たしていると佐久間［2015］は指摘する。

こうして誕生した変化観音も、その成立時期から前期と後期に分けて整理される。前期の変化観音は、十一面観音・千手観音・如意輪観音・馬頭観音・准胝観音などである。一方、成立の遅かった後期の変化観音は、中国や日本への影響はあまりない。よって、ここでは前期変化観音のいくつかを簡単に紹介する。

・十一面観音：これは〈法華経〉「普門品」の章名「あらゆる方角に顔を持つ（向ける）者」という観音の特性が「十一面」の由来とも言われる。この数字は、本体の顔（一）と「十方（四方四維＋上下）をみる顔」とを合算したものだが、十方はこの場合「あらゆる方向／全方角」を象徴している。助けを求める衆生を一人も漏らすまいと全方向に注意を凝らす姿が象徴されている

・千手観音：「千手千眼」とも表現され、千手のみならず千眼を持つとされる。『リグ・ヴェーダ』には「原人プルシャは千頭・千眼・千足を有す」、ヒンドゥ教の聖典『バガヴァッド・ギーター』には「ヴィシュヌ神は千手を持つ」とも形容され、インド宗教の神との関係が深い。「千手」はあらゆる衆生をさまざまな方法で救済することを象徴している

・不空羂索（ふくうけんさく）観音：原語は「アモーガ・パーシャ」であり、「確実な縛縄」を意味する。この縛縄で必ず厄難に陥った衆生を救い取るという

・如意輪観音：原語は「チャクラヴァルティ・チンターマニ」であり、「どこでも自由に転がり、衆生の願いを何でも叶えてくれる宝のごとき者」を意味する

・馬頭観音：原語は「ハヤ・グリーヴァ」であり、「馬の鬣（たてがみ）を有する者」を意味する。

仏教の神格としては異形であり、馬頭にも化身するヒンドゥ教のヴィシュヌ神の影響が認められる。馬頭は激しい怒りで害悪を滅ぼしたり（忿怒（ふんぬ）尊）、生命に関しては神秘的な力を備えていると考えられていた

・准胝観音：「准胝」は√cud（励ます／鼓舞する）に由来する「チュンダー」の音訳で、仏教の修行に邁進する者を鼓舞し励ます菩薩とされる。本来は女神だったが、仏教に取り込まれ、准胝の陀羅尼を唱えれば観音菩薩にまみえ、望みが叶えられると説かれたことで、両者は結び付き、准胝観音が誕生した

地蔵菩薩

下泉［2015］に基づき、観音菩薩と同様に広く信仰されている地蔵菩薩を紹介しよう。まずはその名の由来だが、「地」の原語は「クシティ」で「大地」を、また「蔵」の原語は「ガルバ」で「子宮／蔵」を意味するので、全体として「大地を自分の蔵とする者」の意となる。大地の神格化は古代文明に共通してみられ、農産物・鉱物・樹木を生み出す神として母にも喩えられる。

「大地」を表すサンスクリットは「プリティヴィー」が一般的だが、クシティもプリティヴィーも女性名詞で、プリティヴィーは後に守護神として仏教に取り入れられた。そして、

大地に対する信仰は、大乗仏教で地蔵菩薩という新たな尊格を誕生させた。

地蔵菩薩の功徳を説く経典は「地蔵三経」と呼ばれ、『地蔵菩薩本願経』『大乗大集地蔵十輪経（だいじょうだいしゅうじぞうじゅうりんきょう）』『占察善悪業報経（せんざつぜんあくごうほうきょう）』を指す。まずは、もっとも詳細に地蔵菩薩の功徳を説く『地蔵菩薩本願経』の内容を簡単に紹介しよう。

同経は、ブッダが文殊菩薩に地蔵菩薩の過去世を説明するという形式をとる。過去世にバラモンの女性（地蔵菩薩の本生）がいた。彼女は仏教を深く信仰していたが、その母は仏教を軽んじていたため無間地獄に堕ちた。彼女は自分の母の後生が心配になり、母を救うために寺で大いに供養を行い、寺に祀られていた覚華定自在王如来に母の在処を訪ねると、虚空から声がし、如来の名前を念ずれば、在処がわかると言う。

言われたとおりにすると、彼女は地獄に至り、地獄の鬼に母の在処を尋ねると、鬼は「彼女は地獄に堕ちていたが、孝行な娘が母のために供養した功徳により、三日前に天界に再生した。しかし彼女だけでなく、無間地獄の罪人は皆ことごとく天界に再生し、幸せになった」と告げる。これを聞いた彼女は現世に戻り、如来の前で、未来永劫（えいごう）、さまざまな手段を講じて罪深き衆生を救おうと誓願を立てた（第一章）。

同経の次章では、無数の地蔵菩薩の分身と、その地蔵菩薩に救済された者たちが集まってくると、ブッダは彼らにこう告げる。「私は煩悩にまみれた悪世で、女性・男性・神・

国王など、さまざまな姿をとって罪深き衆生を救ってきたが、今後はこの役割を地蔵菩薩に任せる」と。弥勒菩薩が五六億七千万年後に現れるまでの間、衆生を救うように地蔵菩薩に告げた。これを聞くと、無数の地蔵菩薩の化身は集まって一つとなり、その身を分かって無限の衆生を救済することを誓った。

このあと、地蔵菩薩の功徳が種々に説かれる。たとえば、同経第四章では「悪業を犯して、苦に満ちた悪趣に堕ちた衆生でも、地蔵菩薩に帰依し供養するならば救われる」、また第六章では「地蔵菩薩の名前を聞き、その姿をみ、この経典のわずかな文句を聞くならば、現世でも来世でも幸せになる」と説かれる。

つぎに、玄奘訳の『大乗大集地蔵十輪経』の内容を紹介する。同経の主旨は、地蔵菩薩が五濁悪世・無仏世界に現れて衆生を導くことを説くことにある。同経は全部で八章から成るが、地蔵菩薩の功徳を説くのはその第一章「序品」だけである。その内容は、つぎのとおり。

ブッダが「地蔵菩薩は苦悩する衆生を救済してくれる」と説くと、南方から大勢の眷属(けんぞく)を伴い、声聞形(僧侶の姿)で地蔵菩薩が現れ、「清浄の国を捨て、煩悩にまみれた衆生を救済する」と宣言した。多くの衆生を救うために、毎朝、菩薩は禅定に入り、禅定の力で衆生を導き、またあらゆる世界に身を現し、衆生の求めに応じて苦を除き、楽を与える。

いかなる苦に苛まれている衆生も、地蔵菩薩の名前を称え、礼拝供養するならば、地蔵菩薩はその苦を除いてくれると言う。

最後に、「地蔵三経」ではないが、『延命地蔵菩薩経』を紹介しよう。同経は日本撰述の偽経（疑経）ではあるが、地蔵菩薩の功徳を具体的に説き、内容も平易で経文も短いので、大いに民間に流布した。その精神は大乗仏教の精神である「代受苦」をよく伝えている。「地蔵菩薩はさまざまな者に姿を変えて衆生を救う」とブッダが説法していると、地蔵菩薩が大地から現れ、錫杖を持ってブッダにこう告げた。「私は毎朝、禅定に入り、地獄に赴いては苦の衆生を救済している。（中略）私は衆生がすべて成仏したら成仏するが、一人でも残っていたら成仏しない」と。これを聞いたブッダはこの誓願を誉め、「罪深い衆生を地獄に堕とさぬように」と告げると、地蔵菩薩は「六道の衆生を救い、もし重苦を受けている衆生がいれば、私が代わってその苦を受けよう。そうでなければ、成仏することはない」と答えた。

向下の菩薩が誕生した背景

では最後に、向下の菩薩が出現した理由を考えてみよう。大乗仏教の時代、観音菩薩のように、仏と変わらぬ救済力を発揮する菩薩が誕生した要因を一つに特定はできないが、ここではもっとも本質的と考えられる要因について私見を述べる。

仏教は苦からの解脱をめざす宗教だが、苦から解脱する方法は多種多様だ。少数精鋭の菩薩のように、険しい道のりをあえて選択し、自力で修行し苦からの解脱をめざす宗教的エリートもいた一方で、絶対者の救済を必要とする人々もいた。数的には後者の方が多数派であっただろう。観音菩薩や地蔵菩薩を必要としたのは、この多数派の人々、自力では自分の苦を如何ともしがたい罪深き人々であったと推察される。

伝統仏教以来、一世界一仏論は大きな影響力を持ち、ブッダの死後、娑婆世界では五六億七千万年さきに弥勒仏が出現するまで無仏の世とされたが、救世主を欲した大乗教徒たちは世界観を広げることで一世界一仏論に抵触することなく、複数の現在他方仏の存在を確保した。だが、無仏の娑婆世界で現在他方仏に会えるのは、禅定や三昧(第六章で詳説)に熟達した宗教的エリートだけであり、娑婆世界で暮らす大半の衆生は依然として無仏の世に取り残されることになる。

とすれば、無仏の娑婆世界にあって、仏と同等の救済力を発揮し、自らを救ってくれる存在として考え出されたのが、向下の菩薩ではなかったか。無仏の世だが、仏と変わらぬ救済力を発揮する菩薩は複数いても問題はなく、人々は彼らが自分たちの苦を救ってくれると期待した。つまり、向下の菩薩は一世界一仏論に觝触しないように創作された「無仏の世の救済者」であり、それゆえ向下の菩薩は「仏の特質を擬人化したもの」と考えられる。「文殊は智慧、観音は慈悲の権化」と言われる所以だ。

さきに『地蔵菩薩本願経』の地蔵菩薩を説明したさい、仏滅後、弥勒仏が現れるまで、自分に代わって衆生救済の任を地蔵菩薩に託したブッダの言葉を紹介したが、このブッダの言葉こそ、無仏の世に向下の菩薩が救済者として求められたことを雄弁に物語っている。

このような向下の菩薩の出現などにより、従来の涅槃観も変容していく。一般に涅槃は「蠟燭（＝煩悩）の火が吹き消された状態」とも言われる。つまり、涅槃は覚りの境地を意味し、仏伝ではブッダが三五歳で覚りを開いた状態を言う。しかし後代になると、「ブッダの死」も「涅槃」と言うようになり、前者の涅槃を「有余涅槃（肉体という残余の有る涅槃＝心の涅槃）」、後者を「無余涅槃（肉体という残余もない涅槃＝身心の涅槃）」と区別した。心は解脱しても身体が残っているかぎり、肉体的制約（怪我や病気）を受けるので、死を以て完全な状態に入ると考えられた。

しかし涅槃に入ってしまえば、衆生や娑婆世界との関係は断絶する。そこで考え出されたのが「無住処涅槃」だ。大乗の菩薩は「智慧あるが故に生死に住せず、慈悲あるが故に涅槃に住せず」と言われ、生死（迷いの世界）にも涅槃（覚りの世界）にも留まらず（無住処）、利他行に専心するのが菩薩の理想とされた。

こうして無仏の娑婆世界で、仏と変わらぬ救済力を発揮する向下の菩薩が仏教徒の要請に応える形で誕生し、信仰を集めていったと考えられるのである。

第五章　誓願

大乗の菩薩はブッダに範をとるので、まず成仏という目標に向かうためには、ブッダが燃灯仏のもとで行ったように成仏の「誓願」を立て、そしてその誓願を成就するために修行に邁進することが求められる。こうして「願と行」が菩薩によって重要な意味を持つようになる。本章では「願と行」のうち、菩薩の誓願について解説する。この誓願も大別すれば、菩薩に共通する誓願（総願）と、菩薩に個別の誓願（別願）がある。

一．総願

菩提心

誓願の前に、誓願を起こす前提となる「菩提心」について整理する。成仏をめざす決意は清浄なはずだが、それは迷いの世で、しかも煩悩を有する人が起こす。とすれば、その清浄な決意はどこから発せられたのか。また「誰もが成仏できる」と考えた根拠は何なのか。これについて、平川［1989］は「自性清浄心（じしょうしょうじょうしん）」に注目する。大乗の修行者は、大乗の教えを聞くことで自己の心の奥に自性清浄心（＝心性本浄（しんしょうほんじょう））を発見し、それによって菩薩の自覚を持ち、菩提心を発しえたと考える。

　では菩提心と煩悩との関係は如何。菩提心は純粋にして清浄なはずだが、現実にはそれが煩悩に汚されている。だが、完全に汚されれば菩提心とは言えないし、また菩提心を発すことさえできない。菩提心が菩提心であるためには、汚されていないことが条件となるので、大乗教徒はこの矛盾を「客塵（きゃくじん）煩悩」という考え方で解決した。つまり、〝主〟たる心は本来、清浄にして無垢だが、そこに外から来た〝客〟の煩悩がまとわりつき、清浄な心を汚していると考えたのである。このような考え方は大乗仏教になって突然現れたのではなく、初期仏教の段階ですでに説かれていた。

　凡夫も聖者も心自体は清浄だが、客たる煩悩によって汚されている点ではまったく同じであり、それを如実に知って心を修するか修しないかで、煩悩に汚されたままか、煩悩から解脱するのかの違いが生じる。よって「心性本浄・客塵煩悩」は存在論的な心の迷悟の問題ではなく、認識論的な問題であると平川は指摘する。心性本浄説自体は大乗仏教興起以前に存在したが、大乗仏教はこれをさらに発展させ、万人に成仏の可能性（仏性）を認める如来蔵思想や即身成仏を説く密教に展開した。

ともかく、大乗仏教では成仏に向けての悠久なる道程も発菩提心が〝最初の一歩〟となるので、これがなければ菩薩の活動は何も始まらない。何事にも「動機づけ」は重要だが、発菩提心は成仏という目標への動機づけであり、これがあればこそ、途中で行を放棄することなく、目標も達成できる。よって、発菩提心は大乗仏教で重要視され、多くの大乗経典でも言及されるようになった。

四弘誓願

この菩提心に促され、菩薩は誓願を立てる。これは菩薩の目標設定とも言うべきもので、いかなる菩薩も共通して立てる誓願というものが考え出された。それが四弘誓願であり、総願と呼ばれる。ただし、その起源は中国であり、インドに「総願」という考え方があったわけではない。では、日本の仏教で超宗派的に受け入れられている四弘誓願の内容からみてみよう。

衆生無辺誓願度：衆生は無辺なれど、誓って度（＝渡）せんことを願う

煩悩無数誓願断：煩悩は無数なれど、誓って断ぜんことを願う
法門無尽誓願知：法門は無尽なれど、誓って知らんことを願う
仏道無上誓願成：仏道は無上なれど、誓って成ぜんことを願う

四弘誓願とは、菩薩の根本的な誓いを四つにまとめた、もっとも代表的なものだ。第一願は大乗仏教の看板である「利他」の理念が掲げられ、第二願から第四願では、その理念の利他を成就するための自利に関する決意が述べられる。簡潔にして要を得た表現ゆえに、日本でも宗派を超えて受け入れられている。

これとは別の表現もあるが、意味内容は同だ。源信は『往生要集』で「四弘終わりて後に「自他法界同利益　共生極楽成仏道」と云うべし」と述べ、浄土宗では「衆生無辺誓願度　煩悩無辺誓願断　法門無尽誓願知　無上菩提誓願証　自他法界同利益　共生極楽成仏道」を「総願偈」と称する。日本の仏教徒には馴染みのある表現だが、この起源は智顗が著した『釈禅波羅蜜次第法門』と考えられている。

四弘誓願とは。一には未だ度せざる者をして度せしむ。亦た「衆生無辺誓願度」と云う。二には未だ解せざる者をして解せしむ。亦た「煩悩無数誓願断」と云う。三に

は未だ安んぜざる者をして安んぜしむ。亦た「法門無尽誓願知」と云う。四には未だ涅槃を得ざる者をして涅槃を得せしむ。亦た「無上仏道誓願成」と云う。此の四法は即ち四諦に対す。『瓔珞経』に云うが故に。未だ苦諦を度せざるに、苦諦を度せしむ。未だ集諦を解せざるに、集諦を解せしむ。未だ道諦に安んぜざるに、道諦に安んぜしむ。未だ滅諦を証せざるに、滅諦を証せしむ（T. 1916, xlvi 476b14–20）。

このように、智顗は『瓔珞経』に基づき、四諦と関連づけて四弘誓願を理解するが、『瓔珞経』は中国撰述の経典なので、その起源はインドにはない。一方、智顗に先立ち、法雲は、この四弘誓願の源流をインド撰述の〈法華経〉「薬草喩品」に求めた。

四弘誓願の起源

では、四弘誓願の起源はどこに求められるのであろうか。まずは法雲が指摘した〈法華経〉「薬草喩品」の記述（梵本）をみてみよう。

汝ら人天たちよ、私は如来・阿羅漢・正等覚者である。私は〔自ら〕渡って〔他を〕渡し、〔自ら〕解脱して〔他を〕解脱せしめ、〔自ら〕安穏となって〔他を〕安穏

> ならしめ、〔自ら〕般涅槃し了(おわ)って〔他を〕般涅槃せしめる (SP 123.2–3)。

これにはバリエーションがあり、「まだ渡らざる者を渡し、解脱せざる者を解脱せしめ、安穏ならざる者を安穏ならしめ、般涅槃せざる者を般涅槃させる」という表現もあるが、これは誓願として説かれていない。初期経典の『長部』にも同様の表現はみられるが、そこではブッダの徳を讃嘆すべく、こう説かれる。

> かの仏・世尊は〔自ら〕覚って、〔他を〕覚らしめんがために法を説く。かの世尊は〔自ら〕調御(ちょうご)して、〔他を〕調御せしめんがために法を説く。かの世尊は〔自ら〕安穏となって、〔他を〕安穏ならしめんがために法を説く。かの世尊は〔自ら彼岸に〕渡って〔他を〕渡らせしめんがために法を説く。かの世尊は〔自ら〕般涅槃して〔他を〕般涅槃せしめんがために法を説く (DN iii 54.27–55.2; MN i 235.30–35)。

前の引用と比べれば、「調御」に関する表現が追加されているが、これも「誓願」として説かれているわけではない。これが誓願として説かれるのは、大乗経典では〈八千頌般若経(はっせんじゅはんにゃきょう)〉が初出と考えられる。

衆生たちが輪廻に留まり、苦しんでいるのをみる〔菩薩〕たちは、無上正等菩提に対し、今まで以上に〔心を込めて〕誓願するだろう。それはなぜか。このような発心を具えた〔菩薩〕たちは、かの大慈〔の心〕を以て〔衆生を〕饒益・利益せんと願い、天・人・阿修羅を含む世間を憐愍して、《どうすれば、我々は〔自ら彼岸に〕渡り了って〔他を彼岸に〕渡し、〔自ら〕解脱し了って〔他を〕解脱せしめ、〔自ら〕安穏となって〔他を〕安穏ならしめ、〔自ら〕般涅槃し了って〔他を〕般涅槃せしめることができるだろうか》という心を発して時を過ごすからだ（AsP 215.17–21）。

四弘誓願の問題点

以上、四弘誓願の初出とされる智顗の『釈禅波羅蜜次第法門』の「未だ度せざる者をして度せしむ／未だ解せざる者をして解せしむ／未だ安んぜざる者をして安んぜしむ／未だ涅槃を得ざる者をして涅槃を得せしむ」という四句はインドの仏典にその起源を求めることができたが、「亦た～と云う」で説かれる四弘誓願の本体「衆生無辺誓願度　煩悩無数誓願断　法門無尽誓願知　無上仏道誓願成」は依然として出典不明である。はたして、これはインドに起源を求めることができるのか。

「未だ度せざる者をして度せしむ」と「衆生無辺誓願度」の関係はともかく、第二句以降の関係は釈然としない。なぜ「未だ解せざる者をして解せしむ」が「煩悩無数誓願断」、「未だ安んぜざる者をして安んぜしむ」が「法門無尽誓願知」、そして「未だ涅槃を得ざる者をして涅槃を得せしむ」が「無上仏道誓願成」と言い換えられるのか。四弘誓願本体の表現は智顗の創作と考えるしかないように思われるが、はたしてどうか。干潟［1978］は、唐の元和六年（八一一）に般若三蔵が日本の霊仙らとともに訳した『大乗本生心地観経』に、以下の表現があると言う。

> 一切の菩薩は復た四願ありて、衆生を成熟し、三宝を住持し、大劫を経ても終に退転せず。如何が四と為す。一には誓って一切の衆生を度す（誓度一切衆生）。二には誓って一切の煩悩を断ず（誓断一切煩悩）。三には誓って一切の法門を学す（誓学一切法門）。四には誓って一切の仏果を証す（誓証一切仏果）（T. 159, iii 325b16–20）。

この経は梵文からの翻訳であり、中国で勝手に文言を挿入したとは考えられないから、インドにその起源が求められ、智顗の創作ではないと思われるが、確言できないと干潟は言う。『大乗本生心地観経』の漢訳年代が九世紀であり、またこれ以外に同等の表現がインド原典に確認できないことを考えると、智顗の創作という可能性も否定できない。ともかくここでは、四弘誓願の直接の出典は智顗の『釈禅波羅蜜次第法門』にあり、またその源流と思われる内容は、九世紀初頭に漢訳された『大乗本生心地観経』に求められるのが唯一の用例であると確認しておこう。

さきに引用した『大乗本生心地観経』の四句は「四願」とだけ表現され、「四弘誓（願）」という表現はなかった。インド仏典では『不退転法輪経』に「菩薩摩訶薩は四弘誓を以て一切の衆生を摂取し、一切の衆生を安立し、悉く仏乗に入れて、菩提の道に住せしむ」とあるが、この「四弘誓」の具体的な中身には言及しない。また世親の『仏性論』も「初めて発心する時、四弘誓を結び、十の無尽の大願を起こし」とするが、ここでもその内容は不明。つまり、インド仏典には「四弘誓（願）」という名称に言及し、なおかつその具体的内容を同時に説く用例は存在しない（干潟［1978］）。

日本仏教では馴染みのある四弘誓願だが、その簡略な表現とは裏腹に、複雑な経緯を辿って成立したことが窺える。

十大願

総願の最後に、菩薩の総願として〈十地経〉所説の十大願についても触れておく。

菩薩はいきなり成仏できるのではなく、段階を踏んで成仏すると考えられるようになり、十の段階（十地）が想定された。さまざまな経典でさまざまな十地が説かれているが、その一つが〈十地経〉であり、その十地のうち最初の「歓喜地（かんぎじ）」で、菩薩は十の誓願を起こすことになっている。

ここでは〈十地経〉の梵本からその内容を紹介する。同経は、成道二週間後、ブッダが他化自在天（たけじざいてん）に出かけ、その宮殿に留まっていたとき、その衆会に同席していた金剛蔵菩薩が諸仏の威神力を受け、菩薩の十地の一々を説明するという体裁をとる。十地にちなみ、経典ではさまざまな事柄が十項目で説明されるが、その中に十大願がみられる。菩薩はまず誓願を立て、その誓願を実現すべく修行するから、十大願が初地の「歓喜地」で説かれるのはごく自然であろう。個々の誓願は長いので、要点のみを紹介する。

①一切の諸仏を供養し、礼拝しよう
②一切の諸仏が説かれた法を伝承し、制定された戒律を守ろう
③諸仏がどこに出現しても、恭しくそこに進み行こう
④あらゆる菩薩行を実践しよう
⑤一切の衆生を菩薩道に導き、解脱させよう

⑥十方の諸世界を理解する知を体得し、観察しつつ思惟しよう
⑦さまざまな仏国土を一切の衆生の道心に応じて彼らに示現し、満足させよう
⑧諸菩薩と同一の道心を持つようにしよう
⑨さまざまな衆生に応じた恵みを与えよう
⑩あらゆる世界において無上なる正しい菩提を覚ろう

〈華厳経〉の「普賢行願品（ふげんぎょうがんぼん）」では、これがつぎのように説かれる。

①諸仏を礼敬す
②如来を称讃す
③広く供養を修す
④業障（ごうしょう）を懺悔す
⑤功徳に随喜す
⑥法輪を転ずるを請す
⑦仏が世に住するを請う
⑧常に仏の学に随（したが）う
⑨衆生に恒（つね）に順ず
⑩普（あまね）く皆な廻向す

伝承の過程で、十大願の内容はずいぶん変化しているが、日本には漢訳された経典が中国から将来されているので、日本人はこの〈華厳経〉「普賢行願品」所説の十大願を以て

普賢の願と理解している。

二．別願

阿弥陀仏の誓願

菩薩の別願でもっとも有名なのは、阿弥陀仏が法蔵菩薩のときに立てた四八の誓願だ。阿弥陀仏およびその極楽浄土を説く主要な経典は「浄土三部経」と呼ばれる経典群であり、〈無量寿経〉〈観無量寿経〉〈阿弥陀経〉の三つを指すが、このうち阿弥陀仏の誓願をメインに説くのが〈無量寿経〉である。

〈無量寿経〉にはインド原典と蔵訳、それに漢訳五本があるが、誓願の数はそれぞれ異なる。古い漢訳二本は二四願、そのつぎに成立した中期の漢訳二本は四八願、そして一番新しい漢訳は三六願である。さらにインド原典は四七願、そして蔵訳は四九願だが、ここではもっとも流布した康僧鎧訳『無量寿経』に基づいて紹介する。

各願の内容は異なるが、その表現形態は基本的に同じだ。『無量寿経』では「設我得仏～不取正覚（設し我れ仏を得たらんに、～〈せずんば〉正覚を取らじ）」とあり、「もしも私が仏になったとき、～でなかったら、私は正覚をとらない」と表現される。「誓願が実現しなかったなら、仏にはならない」と誓い、仏になったのであるから、それは誓願が成就したことを意味する。これを「本願（過去世〔本〕の願）」と言う。〝法蔵菩薩の誓願〟が〝阿弥陀仏の本願〟になったことが阿弥陀仏の救済の根拠となる。

ではこの四八願の内容を確認していくが、ここでは紙幅の都合上、三つの範疇に誓願を分類し（藤田［2007］）、その中から主要なもののみを紹介する。なお（　）内の算用数字は誓願の序数を示している。

①仏に関する願（12/13/17）：三願
②国土に関する願（31/32）：二願
③衆生に関する願：四三願
　ⓐ往生した者に関する願（1～11/14～16/21～30/38～40/46）：二八願
　ⓑ往生しようとする者に関する願（18～20）三願
　ⓒ他方国土の者に関する願（33～37/41～45/47/48）：一二願

以上から、③ⓐの願がもっとも多く、「自分の仏国土（極楽）に往生した者は、こうなる」という願が半分以上を占めることがわかる。まず①では「無量光仏／無量寿仏」の名前の由来となった誓願を紹介する。

第十二願：設(も)し我れ仏を得んとき、光明よく限量ありて、下は百千億那由多(なゆた)の諸仏の国を照さざるに至らば、正覚を取らじ

第十三願：設し我れ仏を得んとき、寿命よく限量ありて、下は百千億那由多に至らば、正覚を取らじ

つぎに③ⓑをみておく。これは娑婆世界の衆生がいかにして極楽浄土に往生できるか、つまり往生法を説く重要な誓願である。この三願は以下のとおり。

第十八願：設し我れ仏を得たらんに、十方の衆生、至心に信楽して我が国に生ぜんと欲して、乃至(ないし)十念せん。若し生ぜずんば、正覚を取らじ。唯だ五逆と正法を誹謗するを除く

第十九願：設し我れ仏を得たらんに、十方の衆生、菩提心を発し、諸の功徳を修め、至心に願を発して、我が国に生ぜんと欲せば、寿の終わる時に臨んで、仮令(もし)大衆とともも

に囲繞して、其の人の前に現ぜずんば、正覚を取らじ

第二〇願：設し我れ仏を得たらんに、十方の衆生、我が名号を聞きて、念を我が国に係け、諸の徳本を植え、至心に廻向して我が国に生ぜんと欲するに、果遂せずんば、正覚を取らじ

インド原典は、第十八願にある「十念」の「念」を「念仏（buddhānusmṛti）」ではなく、「十回〈極楽に往生したいという〉心を起こすこと（cittotpāda）」とする。この箇所が「十念」と漢訳されたことで「十回の念仏」と理解され、また中国の善導がこの「念」を「声（称）」と解釈したことで、これは「十回、南無阿弥陀仏と声に出して称えること（称名念仏）」を意味するように劇的に変化した。

さらに法然は、ここでさまざまな往生法が説かれているにもかかわらず、その念仏を「阿弥陀仏が本願で特別に選択した念仏（選択本願念仏）」ととらえ、往生の唯一の行とし、念仏に特別な意味を見出した。仏教の歴史は、このような聖典解釈の歴史なのである（平岡［2018a］）。

つぎに、親鸞の三願転入にも触れておく。親鸞は第十九願を「自力諸行往生」、第二〇願を「自力念仏往生」、そして第十八願を「他力念仏往生」と解釈し、自らの思想遍歴

（入信過程）の深まりを「第十九願（自力諸行往生）→第二〇願（自力念仏往生）→第十八願（他力念仏往生）」で理解した。

阿閦仏の誓願

阿閦仏も阿弥陀仏同様、過去仏たる大目仏の前で誓願を立て、その実現に向けて菩薩行を修し、その結果、仏となって歓喜世界に住しているとされる。この阿閦仏の誓願で注意すべきは、比丘のときの誓願（比丘時の誓願）と菩薩のときの誓願（菩薩時の誓願）という、二種の異なる誓願が説かれていることだ。比丘時の誓願は「菩薩になるための誓願」ともいうべきもので、阿弥陀仏や薬師仏の誓願説にはみられない阿閦仏独自の誓願説である。では、比丘時の誓願からみていこう。

阿閦の誓願の特徴は、「怒りの心を生じないこと」を誓うように「禁止事項」の列挙にある。「こうなるように」と誓うのではなく、「こうしないように」と誓う。禁止事項の内容は、各資料によって細かな異同がみられるが、蔵訳からその内容を示せば、「怒り／瞋り／動揺／常に全知者の心を離れること／声聞の心／独覚の心／愛欲／貪欲／瞋恚／痴／加害／睡眠／昏沈／悔恨／怠け心／疑惑／殺生／偸盗（とうとう）／非梵行／妄語／両舌／麁語（そごん）／綺語（きご）／貪／瞋／邪見」となる。

これらの禁止事項を遵守することを誓うことで、この「比丘（出家者）」は「菩薩（大乗仏教の修行者）」に姿を変え、「阿閦」という名を得る。

つぎに、阿閦が菩薩として立てた誓願を紹介する。これも比丘時の誓願と同様に、禁止事項を述べる形で誓願が説かれるが、その定型表現を蔵訳で示せば、以下のとおり。

「尊者世尊よ、私はそのように一切知〈者になりたいという〉心を生じさせるというこの宝を生じさせて、そのように無上正等菩提に回向し、完全に回向する一方で、無上正等菩提を、明らかに完全に覚らないうちに、もしも～【諸禁止事項】～するならば、無量無数不可思議不可計の十方の全世界において、いま存在するかぎりの、あらゆる仏・世尊で、このように存在し、生活し、留まって、法を説いておられるかの仏・世尊を欺いたことになるだろう」

この「禁止事項」の中にさまざまな表現が入るが、ともかく阿閦菩薩は「正覚を得るまでに誓いを破ったならば、それは諸仏を欺いたことになる」と言う。法蔵菩薩は、「もしも誓いを破ったならば、私は覚りを開かない」と誓願するので、その誓願の目的は「正覚を得る」ことにあるが、阿閦菩薩の誓願は「諸仏を欺かない」ことを目的とする。つまり、阿閦菩薩は覚りの獲得よりも、誓ったとおりに行うという行為そのものを重視していると佐藤［2008］は指摘する。

個別の誓願の内容紹介は省くが、佐藤は阿閦菩薩の誓願の特徴を「出家を前提にしている／自戒的傾向が強い／実践を重視している／成仏よりも誓願の遵守、つまり諸仏を欺かない行為を重視している」の四点に整理する。たしかに比丘時の誓願と同じように菩薩時の誓願も自戒的内容が多く、他者に関する利他的な誓願は一例のみであり、同じ誓願説でも法蔵菩薩のそれとは大きく異なる。

さて最後に、阿閦仏の浄土について付言しておこう。阿閦仏の浄土の特徴は、極楽浄土と違って女性も住んでいる点にある。そして、女性に関する記述も散見する。たとえば、阿閦が覚りを開いたとき、つぎのような四つの奇瑞（きずい）、すなわち「女宝（転輪王の後宮）よりも優れた美徳を持つ／女性の装身具は、木から自由に手に入る／妊娠や出産の苦しみがない／女性の持つ欠点がまったくない」が現れるという。

最後の「女性の持つ欠点がまったくない」を除いて、これらは法蔵菩薩のように誓願で誓われていたわけではなく、成道の奇瑞として偶発的に出現している。これらは女性の欠点の解消に重点を置いてはいるが、欠点を解消した女性が成仏できるかどうか、あるいは女性の修行方法についてはまったく述べられていないので、〈阿閦仏国経〉は女性を修行の主体としては扱っていなかったのではないかと佐藤は結論づけている。

薬師仏の誓願

ここでは、梵本からその誓願の内容を紹介する。同経は、ブッダがヴァイシャーリーに逗留していたとき、文殊の求めに応じてブッダが説いた経である。「この娑婆世界から遠く離れた東方に浄瑠璃という世界があり、そこに薬師瑠璃光仏がいる。菩薩であったとき、彼は一二の偉大な誓願を立てた」と前置きして一二の誓願が説明される。各願の冒頭はすべて「未来世に私が無上正等菩提を得たとき」で始まるので、この部分を省略し、いくつか選んで紹介する。

①衆生は私の教誡を遵守して梵行を修し、すべての者が禁戒を破らず、充分自制しているように。また誰かが戒を破ったとしても、私の名を聞けば、決して悪道に堕ちないように（第五願）

②衆生の身体に欠陥があり、諸々の感覚器官に不備があったり、顔色が悪かったり、（中略）そのほか身体のどこかに病気があるとき、私の名を聞けば、すべて感覚器官が健全となり、五体満足となるように（第六願）

③衆生が数々の病に打ちひしがれ、救う人も庇護する人もなく、薬も服用せず、親族もなく、貧困に苛まれても、もし彼らが私の名を聞けば、彼らの病気はすべて癒え、無病息災となって、ついには覚りに到達できるように（第七願）

④ある女性が幾百という女性ゆえの罪悪に悩まされ、女性であることを厭い、女身を捨てたいと願うとき、私の名を心に念ずれば、この女性は女性でなくなり、ついには覚りに到達できるように（第八願）

⑤ある衆生が王の恐怖にさらされ、牢獄につながれ、処刑されようとしたり、さまざまな幻覚に襲われたり、人々から軽蔑されたり、身口意（しんくい）の苦悩に打ちひしがれたりしていても、私の名を聞き、また私の福徳の力によって、あらゆる危難や災難から逃れさせることができるように（第一〇願）

⑥ある衆生が飢餓の火に焼かれ、飲食物を探し求めることに懸命なあまり、不注意に罪を犯したとしても、私の名を念ずれば、私は色も香りも味も素晴らしい食事でその男の肉体を満足させることができるように（第十一願）

⑦ある衆生が貧困で衣服がなく、日夜寒暑に悩まされ、蚊や虻に煩わされながらも、私の名を念ずれば、私は彼にいろいろな色に染めた衣服や、彼らの欲するものを持ってきて、彼らの望みを満足させられるように。また、種々様々な宝玉・装飾品・香水・

華鬘・香油によって、また歌や器楽の演奏や太鼓を打ち鳴らして、すべての衆生の願望を叶えることができるように（第十二願）

薬師の誓願で誓われている内容は、現世利益的なものが多い。また、②③は「薬師」の名のとおり、「病気」の平癒を誓う内容となっている。この誓願に基づき、日本では病気平癒を祈願して薬師仏に対する信仰が成立した。さらには、傍線で示したように、①②③⑤で聞名、④⑥⑦で念名の功徳が説かれていることにも注意しておこう。

同経では、法蔵菩薩のように、ある仏に対して誓願を立てているわけではないし、誓願を立てた後の行についても詳細には言及せず、「彼は前世において菩薩行を実践しながら、これら一二の偉大な誓願を立てた」とブッダが説くに留まる。また同経は阿弥陀仏にも言及し、薬師の浄土も阿弥陀仏の極楽さながらであると記述する。

ブッダの五〇〇願

別願の例として、最後に〈悲華経〉所説のブッダの五〇〇願をとりあげる。同経は他方仏国土を選択する阿弥陀仏等の諸仏に対し、穢土の娑婆世界で成仏を誓うブッダの優位を説く経典であり、この中でブッダは過去世において五〇〇の誓願を立てたとされる。〈悲華経〉は、他方仏国土に偏り、ブッダ軽視の傾向にあった当時の大乗仏教に異を唱える立場から制作された大乗経典と考えられる。では、その内容を紹介しよう（勝崎［1997］）。

過去世に無諍念（アラネーミン）という王がおり、その王に宝海（サムドラレーヌ）という大臣がいた。その大臣の息子は覚って宝蔵如来となり、王や王子たちを教化した。無諍念王は浄土で成仏したいという誓願を宝蔵如来のもとで立てると、如来は王が未来世に無量寿仏（阿弥陀仏）になるという記別を与えた。また王子たちも、観音菩薩や普賢菩薩、また阿閦仏になるという記別を如来から授けられた。

つづいて大臣の息子たちも成仏の誓いを立てるが、それは王のように浄土での成仏ではなく、穢土での成仏を誓うものであった。ただし穢土とはいっても、煩悩の少ない時代の穢土を選択した。そこで父の大臣は息子たちの志の低さを嘆き、自分は煩悩が盛んな五濁悪世の穢土において成仏し、苦しみもがく衆生の救済を誓って、五〇〇の誓願を立てる。すると、その誓願を聞き終わった宝蔵如来はつぎのように予言する。

大悲を有する者よ、お前はこの娑婆という仏国土で、賢大劫の時代に、人間〔の寿命〕が一二〇歳になったとき、お前はシャーキャムニという名の如来となり、四五年の間、偉大な仏としての務めを完璧に果たすだろう。そして善き人よ、お前が般涅槃すれば、〔その〕無上なる般涅槃から一〇〇〇年の間、正法は存続するだろう。そして正法の消滅後も、善き人よ、自分が立てた誓願どおりに、お前の遺骨も生身のごとく仏としての務めを果たし、同様に長く衆生を教導するだろう（KP 313.10–314.1）。

このように三段階（①浄土、②煩悩の少ない穢土、③五濁悪世の穢土）に分けて成仏する場所を設定し、ブッダこそがもっとも困難な場所を選び、もっとも困難な仕事をすると称讃される。五〇〇願の詳細な中身については省略するが（当然、六波羅蜜の実践なども含まれる）、その後半部分には仏伝の内容が取り込まれている。つまり、ブッダがすでにこの世で行ったこと（過去形）を「〜したい／〜するでありましょう」と未来形で語っているのだ（本書第一章で言及した「フィードバック手法」）。

ともかく、他方仏国土のカウンターとして、娑婆世界のブッダの再評価を試みた大乗経典も誕生した。この〈悲華経〉と同じ意図を持つのが、意外にも〈阿弥陀経〉である。短い経典だが、その編纂過程では紆余曲折があった。前半では阿弥陀仏の極楽の様子が詳説されるが、最後になると、娑婆世界のブッダを称讃する一節がみられ、自分が諸々の仏・世尊を称讃したように、その諸々の仏・世尊も自分をこう称讃しているという。

シャーキャ族の大王たる世尊シャーキャムニには、非常になしがたいことをなした。娑婆世界で無上正等菩提を覚ってから、時代の汚辱・衆生の汚辱・見解の汚辱・寿命の汚辱・煩悩の汚辱（五濁）の中で、一切世間の者たちの信じがたい法を説かれた（Sukh. 99.15–18）。

ここまでくると、阿弥陀仏の出る幕はない。こうして〈阿弥陀経〉は〝極楽浄土の阿弥陀仏〟を鑑にしながら、〝娑婆世界のブッダ〟を称讃する経典へと姿を変える。

第六章　行（ぎょう）

本章では菩薩の「願」と一対をなす「行」についてまとめていく。願はあくまで願であり、それを実現するために行動しなければ、願は成就しない。ここに行の意義がある。本章では、大乗仏教の修行道である六波羅蜜の各項目の解説と、その中でも特に持戒波羅蜜に注目して、大乗戒の説明を行う。

一．六波羅蜜

波羅蜜の語義

仏教は宗教であるから、何らかの実践を伴う。伝統仏教の代表的な実践は「八正道（はっしょうどう）」だ。これは初転法輪（しょてんぽうりん）の中で言及されるので、実践の王道だ。伝統仏教ではこれに加え、さまざまな行が説かれ、それは後に「三十七菩提分法（四念処・四正勤・四神足・五根・五力・七覚支・八正道）」としてまとめられた。伝統仏教の代表的行が八正道なら、大乗仏教を代表する行は「六波羅蜜」だ。では三枝［1981］を参考に、「波羅蜜（pāramitā）」の意味内容を吟味することから始めよう。

これを文法的に解釈すれば、「最上・最高」を意味する「パラマ（parama）」の女性形が「パーラミー（pāramī）」であり、これに抽象名詞を意味する「ター（-tā）」が付されて「パーラミター（pāramitā）」となるから、「成就・完成・最上」を意味する。英語では perfection/ completeness/ highest state などと訳される。それを裏付ける用法として、三枝は『菩薩地』（梵文）の用例を引用する。

〔布施などの波羅蜜は〕もっとも長い期間において（parameṇa kālena）成就され、最上であり（paramayā）、本性が清浄であり、また最高の成果を（paramaṃ phalaṃ）実現する。それゆえに「波羅蜜（pāramitā）」と呼ばれる（BBh. 372.6–9）。

この例文により、三枝は「pāramitā は parama と表裏して、つねに最上級の扱いを受ける」と指摘するが、その一方で、pāramitā をめぐっては別の語源解釈も存在する。これは pāram-i-tā と分解する解釈で、これによれば「彼岸に（pāram）至った（i）状態（tā）」を意味することになる。蔵語もこれを pha-rol-tu-phyin-pa（彼岸に至った）とし、同様の理解を示す。この解釈に基づいて漢訳したのが「到彼岸／度（＝渡）」だ。

これは「六波羅蜜を実践して彼岸に至る／渡る」を含意する。『大智度論』は「人をして慳貪（けんどん）等の煩悩染著（ぜんじゃく）の大海を渡り、彼岸に到らしめる、是を以ての故に波羅蜜と名づく」とし、また〈倶舎論〉も同様の理解を示す。pāramitā は文法的には「成就・完成・最上」と理解すべきだが、伝承の過程で「到彼岸／度」の解釈は根強く残り、そう解釈する仏典も多い。よって本書では、漢字の音訳「波羅蜜」を用いる。

六波羅蜜の特色

ではここで、六波羅蜜を簡単に紹介しておこう。その内容は以下のとおり。

①布施波羅蜜：他者に施しをすること。施物については、財施（物質的な物）・法施（法を説くこと）・無畏施（安心感など精神的なもの）などの別がある

②持戒波羅蜜：戒（自発的道徳）と律（他律的規則）を保つこと。大乗仏教独自の律はないが、大乗戒はある

③忍辱（にんにく）波羅蜜：侮辱や苦難を耐え忍び、瞋恚・怨恨・悪意の心を起こさず、迫害・侮辱などを忍受すること

④精進波羅蜜：覚りを開くために、努力すること。これが布施・持戒・忍辱・禅定波羅蜜の基礎となる

⑤禅定波羅蜜：心の動揺や散乱を鎮め、心を集中させて精神を統一し、真理を知見すること

⑥般若波羅蜜：般若は智慧を意味する「プラジュニャー／パンニャー（prajñā/paññā）」の音写であるから智慧波羅蜜ともいう。ものの道理を正しく洞察すること。ほかの五波羅蜜の実践により般若波羅蜜を獲得するとも言えるし、ほかの五波羅蜜は般若波羅蜜に基づいてこそ「波羅蜜」となるとも言える

つぎに、この六波羅蜜を伝統仏教の八正道と比較し、その対応関係を確認すると、その結果は以下のとおり。

布施：対応なし

持戒：正思（しょうし）（思惟（しい））・正語（言語活動）・正業（ごう）（身体行為）・正命（みょう）（生活）

忍辱：対応なし
精進：正精進（努力）
禅定：正定（精神集中）・正念（注意力）
智慧：正見（知見）

持戒・精進・禅定・智慧は八正道と共通する項目があるが、布施と忍辱は八正道にトレースできず、大乗仏教独自の実践道となっている。この二つは対社会的項目だから、大乗仏教は社会を意識した仏教であることが確認されよう。伝統仏教は個人の宗教という性格が強いが、大乗仏教は「自利即利他」を理想とするので、社会性の強い宗教に変貌しており、それゆえに布施と忍辱とが新たに追加されたと考えられる。

なお、伝統仏教を墨守するスリランカの南方上座部も大乗仏教の影響を受け、六波羅蜜をさらに展開させた十波羅蜜を説くが、これには二つの系統がある。一つはインド本国で展開した大乗仏教に属する系統、もう一つはスリランカで展開した系統だが、これについては説明を省略する（詳しくは平岡［2020］を参照）。

布施波羅蜜

出家者に、布施という行は基本的にない。だから三十七菩提分法の中には布施およびそれに類する実践は説かれていない。布施はむしろ、在家者が徳を積むための行為だった。たとえば伝統仏教では、在家者向けの説法である次第説法の中に、生天をもたらす行為として、持戒とともに布施が位置づけられていた。しかし、社会的な性格を有する大乗仏教では、対社会的な項目の布施波羅蜜が先頭に置かれる。

伝統仏教で「布施」といえば、それは物質的な布施（財施）を意味する。生産活動に携わらなかった出家者は、衣・食・住にわたって在家者の布施に頼らざるをえなかった。では布施されるものは物質的なものに限定されるのかというと、必ずしもそうではない。伝統仏教の経典ではあるが、『雑宝蔵経（ぞうほうぞうきょう）』の中に「無財の七施」が説かれている。つまり、財がなくても布施は可能であるという。その内容は以下のとおり。

①眼施（がんせ）：優しい眼差しを相手に向けること
②和顔施（わげんせ）：笑顔で相手に接すること
③言辞施（ごんじせ）：相手に優しい言葉をかけること
④身施（しんせ）：身体を使って奉仕活動をすること

⑤心施：相手に対して心配りや気配りをすること
⑥床座施：相手に席や場所を譲ること
⑦房舎施：自分の家を宿泊場所として提供すること

出家者の布施は法施や無畏施だったが、布施の解釈をここまで広げれば、財を持たない出家者もさまざまな布施の実践が可能になる。社会性を意識した大乗仏教の菩薩は、伝統的な出家者の布施である法施や無畏施に拘泥せず、広く布施を実践できた。これに加え、本生の菩薩は身体の布施も実践したと説かれるが、その本生の菩薩を模範とする向上の菩薩が実際にそのような布施を実践していたかどうかは不明である。

最後に、大乗仏教の時代に登場した「三輪清浄の布施」について解説しておく。これは空思想を説く般若経類にみられ、空に基づいて布施を実践するときの理想的なあり方が説かれる。三輪とは施者（布施者）・受者（布施の受者）・施物（施物）を意味し、その三者に執着がないとき、清浄なる布施が成立するという。三輪は本来空ゆえに、一切のこだわりを捨て、自然体で布施を実践することが大乗仏教で求められる。

持戒波羅蜜

大乗戒の内容は次節でとりあげるので、ここでは戒と律との違いについて簡単に説明しておく。両者を一緒にして「戒律」とも表現されるが、本来、戒と律とは別物である。では、原語レベルで両者の違いを比較してみよう。

「戒」の原語は「シーラ（śīla）」だ。これは「繰り返して実践する」を意味する √śīl の名詞形なので、「行為・習慣・性質・道徳」を意味する。つまり、善なる行為を繰り返し実践することで、善の実践を習慣化することである。一方、「律」の原語は「ヴィナヤ（vinaya）」だ。これは「除去する／教育する／罰する」を意味する vi √nī の名詞形なので、「教育的な指導」という意味を帯びた「規律」と言えよう。

律には大きく分けて二つの側面がある。一つは覚りに資する規則の学処（対個人／男性の出家者〈比丘〉で二五〇、女性の出家者〈比丘尼〉で三五〇ほどの規則があり、部派による異同はほとんどない）、もう一つは僧団運営のための規則（対集団／部派によって、その内容は大きく異なる）である。

戒に罰則はない。戒を破れば自ら反省すればよいが、律は法律に相当するので、破れば罰則が適用される。それも、犯した罪の程度により段階がある。もっとも重い罪は波羅夷罪と呼ばれ、僧団追放（僧籍剝奪）となるが、もっとも軽微な罪は心中で懺悔するだけである。また律の特徴である「随犯随制（ずいぼんずいせい）」は、未犯の罪を想定して規則を制定するのではなく、已犯の罪に対してその都度、規則が制定されることを言う。よって制定前の初犯の者は罰せられず、規則制定後は第二犯の者から罰則が適用される。

人間は社会的な生物であるから、その社会生活を円滑にするには、何らかの規則が必要だ。本来は内なる良心によって自らの行動を律するのが理想だが、人間には良心とともに煩悩も有するため、外部から人間の行動を規制する法律も必要となる。この両者（戒〔道徳〕と律〔法律〕）の相互作用により、現実的には社会の平和が保たれる。

大乗仏教では道徳的な「戒」、すなわち「持戒波羅蜜」や「大乗戒」が重視されるが、具体的な中身の検討は次節で行う。

忍辱波羅蜜

布施波羅蜜のほかに、八正道にはトレースできない対社会的な項目として忍辱波羅蜜がある。なぜ、忍辱波羅蜜は大乗仏教で重視されるのか。伝統仏教の目標は「成阿羅漢」だが、大乗仏教は菩薩となって「成仏」することをめざす。伝統仏教では教祖ブッダを尊崇するあまり、自分たちをブッダと同一視することなど考えてもみなかったが、大乗教徒はそのタブーを犯し、成仏をめざした。よって、伝統仏教の保守的な出家者たちは大乗仏教の教えを受け入れがたかったに違いない。このような状況から、大乗仏教の教えを広めるにあたっては、伝統仏教側からの相当な迫害があったと予想される。

この当時の様子を反映しているのが〈法華経〉の常不軽菩薩品だが、その内容はすでに紹介した。これは物語としてドラマティックに描かれているが、実際に当時の大乗教徒（向上菩薩）は大乗仏教の弘通（ぐづう）にさいし、相当の困難を経験したと推測される。

また忍辱波羅蜜に関連し、大乗仏教の菩薩を考える上で重要な「代受苦」についても言及しておこう。伝統仏教と大乗仏教とは思想的に大きく異なるが、「苦」に対する考え方も大きく異なる。伝統仏教では業思想（善因楽果（ぜんいんらっか）・悪因苦果（あくいんくか））の原理原則に基づき、苦は悪業の果報として、いやでも享受すべきものだったが、大乗仏教では菩薩が他者になり代わって苦を受け、それが覚りに資すると解釈される。つまり苦は、伝統仏教では受動的（消極的）に経験すべきものだが、大乗仏教では能動的（積極的）に自ら喜んで受け入れるべきものとなる。利他行の一環として「代受苦」を取り込むのだ。

だが、このような思想自体は大乗仏教以前の伝統仏教ですでに説かれていた。たとえば、本生の菩薩は「願って悪趣に赴く」と説かれる。このような伝承を受け、大乗教徒はこれを菩薩一般の特性に敷衍（ふえん）する。つまり、悪趣へは悪業の果報として仕方なしに行くのではなく、自らの意志に基づいて進んで行くことになり、また誰かに代わって苦を受けることを大乗菩薩の行と位置づけ、それを成仏の資糧と考えたのである。

精進波羅蜜

精進波羅蜜は、さまざまな実践の基礎となる。それは八正道における「正精進」でも変わらない。成仏への道のりはじつに長い。次章で述べるように、菩薩は段階を踏み、天文学的な時間をかけて修行し成仏するので、最終ゴールに辿り着くには「努力の継続」が極めて重要になる。

精進の反意語は「懈怠（けたい）」や「放逸」だが、〈小乗涅槃経〉のブッダの遺言「すべての事象は過ぎ去る。怠ることなく修行を完成させよ」は、まさに精進の重要性を説いている。そしてその重要性は、大乗仏教に至っても変わりはないばかりか、さらに重みを増している。なぜなら、最終ゴールが伝統仏教よりもはるか彼方に設定されているからだ。

それを反映してか、大乗の菩薩道では「不退転」が重視される。菩薩道を進んでいくと、ある段階で後戻りしない境地に至るが、これが不退転だ。原語は「アヴィニヴァルタニーヤ／アヴァイヴァルティカ」であり、音訳して「阿鞞跋致（あびばっち）」とも言う。裏を返せば、これは不退転の境地に至るまでは退転の可能性があることを示唆する。だからこそ、修行を継続する精進力が重視されるのだ。

さて退転の具体的な中身だが、それは同じ菩薩道の修行階梯から後退するという意味に加え、悪趣（六道輪廻のうち、地獄・餓鬼・畜生など）や二乗（声聞乗と独覚乗＝小乗）に退堕することも意味する。浄土教では「浄土に往生した者は不退転に至る」とも説かれるので、極楽往生が成仏に向けて大幅なショートカットになることがわかる。

禅定波羅蜜

精神集中を意味する用語は種々あるが、ここでは大乗仏典に頻出する「三昧」をとりあげる。仏教の修道体系は三学（戒・定・慧）だが、仏教は「戒を保ち、精神を集中して、最終的に智慧を得ること」をめざすので、伝統仏教の初期以来、禅定は覚りに直結する重要な行だった。その重要性は大乗仏教でも変わらないが、伝統仏教とは違った意味で重要な行とみなされるに至る。なぜか。

それは、当時が無仏の世だったからだ。大乗教徒は「現在他方仏」を必要とした。その理由は、少なくとも三つある。一つ目は、単純に〝今苦しんでいる私〟を救済してくれる現在仏（救済仏）を希求した。二つ目は、授記を授けてくれる仏が必要だった。大乗の菩薩が本生の菩薩を模範にしているなら、燃灯仏授記に範をとり、菩薩は仏から成仏の予言（記別）を授かる必要がある。よって大乗教徒は現在仏を必要とした。そして三つ目は、

〝今の私〟に戒を授けてくれる戒師として現在仏が必要であった（後述）。世界観を広げることで現在仏の存在は担保されたが、ではその仏にいかにして値遇するかが問題になる。死後、浄土に往生すれば可能だが、その場合は死後に菩薩になれても、今生では菩薩になれない。とすれば、残された方法は二つ、一つは夢の中で見仏するか、あるいは禅定で観仏するかである。こうして、仏と出会う方法として、三昧（禅定）が重要な意味を持つようになる。

大乗経典で説かれる数々の三昧のうち、ここではその代表として「般舟三昧」をとりあげる。この三昧は〈般舟三昧経〉で詳説され、インド原典は未発見だが蔵訳は存在し、その蔵訳から同経の原典名は、「プラティウトパンナ・ブッダ・サンムカ・アヴァスティタ・スートラ」と推定される。その意味内容は「現在の〔諸〕仏が菩薩あるいは行者の面前に立ち給える三昧」とも解釈される（林［1994］）。つまり、この般舟三昧は「観仏」を目的とした三昧なのだ。大乗教徒は無仏の娑婆世界にあっても、現在他方仏を想定し、三昧を通じて仏に会うことが可能になると考えた。

般若波羅蜜

最後は般若波羅蜜であり、これが六波羅蜜の中で最重要となる。智慧（般若）の獲得が覚りの要件となるので、三学（戒・定・慧）の「慧」の位置づけと同様に、最重視されるのは当然だ。ブッダは〈八千頌般若経〉で「般若波羅蜜を習得しているときには、六波羅蜜すべてを習得している／般若波羅蜜はほかの波羅蜜に先立つ／ほかの五波羅蜜は般若波羅蜜の中に含まれる」とも説く。とすれば、布施波羅蜜から禅定波羅蜜までの前五波羅蜜の「波羅蜜」は、般若波羅蜜の「波羅蜜」と考えてもよさそうである。

以上の用例から、六波羅蜜中、般若波羅蜜が最重要であることは確認されるが、この傾向はさらに強化され、大乗教徒の実践徳目という枠を超えて、絶対化の道を辿る。ここではその現象を、二つの側面から考察してみよう。一つは般若波羅蜜の真言化、もう一つは遺骨に代わる信仰の対象化である。まずは前者から。

同じ〈八千頌般若経〉では、「般若波羅蜜」という言葉自体が厄難を回避する言葉（呪文）として機能することが説かれているが、これを発展させれば真言につながる。このように般若波羅蜜は単なる言葉ではなく、「実体を持った言葉」として認知されるようになると、それは信仰の対象にもなる。

「般若波羅蜜をただ書き記し、製本だけでもして、まず供養を行って安置すれば、その場所は塔廟のごとく神聖な場所となり、敬礼し、奉仕し、讃嘆し、祈願し、恭敬し、尊重すべきものであり、その場所に近づく衆生のために、救いの場所・帰依の場所・安息の場所・目的地となる」という記述も〈八千頌般若経〉に存在する。こうなると、般若波羅蜜はもはや実践徳目でもなく、習得すべき対象や教示すべき対象でもなく、信仰の対象となる。これは仏塔に納められたブッダの舎利（遺骨）にも代わりうるどころか、それ以上の存在に祭り上げられることになる。

カウシカ（帝釈天）はブッダに対し、「般若波羅蜜を書き記し、製本して安置し、それを供養する功徳と、ブッダの遺骨を納めた仏塔を供養する功徳と、どちらがより多くの福徳を生じるでしょうか」という問いに対し、こう答える。

「如来は具体的存在である身体を得ることで「如来」と呼ばれるのではなく、全知者性を得ることで如来は「如来」と呼ばれるのだ。カウシカよ、如来・阿羅漢・正等覚者の全知者性は般若波羅蜜の所産である。そしてカウシカよ、如来が具体的存在としての身体を得ているということは、般若波羅蜜の巧みな方便として生じているのであり、全知者の知の基盤となっている。というのは、この基盤によって全知者の知が顕現し、仏の本体が顕現し、法の具体的存在が顕現し、僧の具体的存在が顕現するからだ」（AṣP 29.10–16）

このように般若波羅蜜は、仏を含め、三宝（仏・法・僧）を生み出す基体とみなされるので、ブッダの遺骨を納めた仏塔を供養するよりも、般若波羅蜜を書き記し、製本して安置し、それを供養する功徳の方が大きいとされる。

二、菩薩戒

十善戒

『摩訶般若波羅蜜経』「大乗品」などの大乗経典は持戒波羅蜜の具体的な内容を「十善業道」と定義する。また十善業道と並び、「五戒」や「八斎戒」といった在家的な戒、またまれに出家者の律に言及する場合もあるが、大勢は十善業道である。そこで、十善業道および五戒（八斎戒）の内容を簡単に説明しておこう。まずは十善業道から。

①不殺生（生物の命を奪わない）
②不偸　盗（他人のものを盗まない）
③不邪淫（不倫をしない）

⑥不悪口（人の悪口を言わない）
⑦不両　舌（二枚舌を使わない）
⑧不貪（貪りの心を起こさない）

④不妄語（嘘をつかない）
⑤不綺語（無駄なお喋りをしない）
⑨不瞋恚（怒りの心を起こさない）
⑩不邪見（誤った見解を抱かない）

十善業道は「十善」とも呼ばれるが、初期経典では「戒」とはみなされず、十悪業道（十善業道の逆）と並び、道徳の徳目・善悪の基準を示すものとして扱われた。十善に合致すれば善、しなければ悪ということになる。伝統仏教では道徳の徳目・善悪の基準であった十善業道を、大乗教徒は「十善戒」と位置づけ、持戒波羅蜜の内容とした。なお、十善業道の①〜③は身業、④〜⑦は口業、そして⑧〜⑩は意業に関わるので、「身三／口四／意三」とも表現される。つづいて、五戒と八斎戒の内容を紹介しよう。

五戒

①不殺生戒（生物の命を奪わない）
②不偸盗戒（他人のものを盗まない）
③不邪淫戒（不倫をしない）
④不妄語戒（嘘をつかない）
⑤不飲酒戒（酒類を飲んで酔っ払わない）

八斎戒＝五戒＋以下の三戒

⑥不得過日中食戒（正午以降は食事をしない）
⑦不得歌舞作楽塗身香油戒（歌舞音曲を見聞せず、装身具や香水を身につけない）
⑧不得坐高広大床戒（贅沢なベッドで寝ない）

五戒の①～④は十善業道の①～④に相当し、それに⑤の不飲酒戒を加えて五戒とする。また八斎戒で新たに加わる三つの戒は、いずれも出家者の守るべき規則で、斎日にかぎって少しだけ在家者が出家者の生活を経験するためのものであった。

大乗経典は持戒波羅蜜の内容を十善戒とするので、平川は大乗仏教の担い手（菩薩）を「在家者」と推定したが、佐々木［2000］はこれに反論する。伝統仏教で戒とはみなされなかった十善業道が大乗仏教で新たに菩薩の戒として採用されたのは、菩薩が「出家者／在家者」という分類に対応しない新たな形態で存在したからだと推論する。

また大勢は十善戒だとして、在家者の五戒や八斎戒、あるいは出家者の律も持戒波羅蜜の内容として説かれるのは、当時の菩薩集団が出家者と在家者とにまたがっていたことの証左になると佐々木は言う。最初期の大乗仏教が在家と出家の混成状態にあったとすれば、両者を統括する戒として新たに導入された十善戒が菩薩の戒として大乗経典の中に頻出するのは当然だ。全体を統括する十善戒と、在家者・出家者にそれぞれ振り分けられる個々の戒、という二重構造を考えれば、多くの大乗経典に出家者の律が現れることも素直に了解できると佐々木は指摘する。

三聚浄戒（さんじゅじょうかい）

では十善戒に関連し、三聚浄戒も解説しておく。これは、悪を離れること（止悪）、善を実践すること（行善）、そして衆生を利益すること（利他）の三つを指す。三聚浄戒は菩薩戒の一つの帰結と考えられ、中国や日本の大乗戒思想の展開に大きな影響を与えた（沖本［1981］）。とくに中世以降、日本仏教で重要な大乗仏教の戒は円頓戒（えんどんかい）（天台宗や浄土宗に伝わる最高の大乗戒で、その具体的内容は三聚浄戒）であり、この戒がさまざまな利他行を実践するさいの根拠となる。

では、その起源をインド仏典に探ってみよう。その初出は〈華厳経〉であり、そこでは十善業道が説かれた後、つぎの三段階にわたって説明がなされる（齊藤［2018］）。

①十善道に背反する十不善（＝十悪）から遠ざかるべきである
②十善道を実践すべきである

③十善道を他者に勧めて実践させることが菩薩の戒法である

ここでは三聚浄戒の理念が表明されているが、これを「三聚浄戒」などと称してはいない。では、これを「三聚浄戒」などの呼称で特別視したのは誰か。それは〈十地経〉の注釈書〈十地経論〉を著した世親である。世親は先述の十善業道を釈して、十不善道から遠ざかることを「離戒浄」、十善道を実践することを「摂善法戒浄」、そして十善道を他者に勧めることを「利益衆生戒浄」と名づけ、この三つを総称して「三種戒」と呼ぶ。つまり〈十地経論〉は〈華厳経〉を承け、十善道を三種戒で整理解釈したのである。

この三種の戒の名称は資料間で異なるが、日本人には中国撰述の『菩薩瓔珞本業経』所説の「摂律儀戒／摂善法戒／摂衆生戒」がもっとも馴染み深い。このうち、摂律儀戒と摂善法戒とは旧来の仏教でも説くが、「摂衆生戒」は大乗仏教の独創だ。

十善業道は伝統仏教以来説かれ、その内容は「自利」なので、「利他」を重視する大乗仏教側が批判する小乗仏教の実践徳目と何ら変わらない。かといって、勝手に内容を変えられないから、大乗教徒はその位置づけを変更した。その一つが、さきほどみた三聚浄戒の「摂衆生戒」という解釈だ。さらにまた別の解釈を施すことで、大乗の十善道が小乗のそれとは異なることを提示する。〈華厳経〉の解釈を紹介しよう。

> 又た是の十善道は、智慧と和合して修行するも、若し心は劣弱にして少功徳を楽い、三界を厭畏し、大悲心薄く、他より法を聞かば、声聞乗に至る。
>
> 若し是の十善道を行ずるも、他より聞かず、自然にして知を得、大悲方便を具足すること能わず、而も能く深く衆の因縁法に入らば、辟支仏乗に至る。
>
> 若し是の十善道を行じ、清浄具足し、其の心は広大無量無辺にして、衆生の中に於いて大慈悲を起こし、方便力あり、志願堅固にして一切衆生を捨てず、仏の大智慧を求め、菩薩の諸地を浄め、諸波羅蜜を浄め、深広なる大行に入らば、則ち能く仏の十力・四無所畏・大慈大悲を得、乃至一切種智を具足し、諸の仏法を集む。是の故に、我れ応に十善道を行じ、一切智を求むべし（T. 278, ix 549a15–26）。

同じ十善道を行じても、実践者の心構えや思いにより、得果に「声聞乗／独覚乗（辟支仏乗）／菩薩乗」の違いがあると説明する。従来の仏教と共通の基盤（十善道）を用いれば、大乗仏教側はそれを違った形で差異化する必要があったのであり、その差異化の手段が三聚浄戒（とくに摂衆生戒）であり、心構えの違いを説くことであった。

円頓戒

インドの三聚浄戒は、十不善道を止め（止悪）、十善道を行じ（行善）、他者に十善道を実践させる（利他）というように、すべて十（不）善を中心に説かれていた。これが日本仏教に受容されると「円頓戒（あるいは「円戒」）」という名で呼ばれるようになり、その各項目にも変化がみられ、十善道と関連づけては説かれなくなる。

この円頓戒の根拠は『法華経』『菩薩瓔珞本業経』『梵網経』の三経に求められ、「円頓戒三部経」と称される。このうち、どの経を主（正依）とし、どの経を従（傍依）とみるかは、宗派や仏教で異なるが、この三部経によって円頓戒を組織すると、以下のようになる（齊藤［2018］）。

理念＝『法華経』に説かれている菩薩の道徳精神（抽象的なスローガン）
実践＝『菩薩瓔珞本業経』に説かれている三聚浄戒（具体的な実践項目）

三聚浄戒
- 摂律儀戒（止悪）——十重四十八軽戒（『梵網経』所説）
- 摂善法戒（行善）——六波羅蜜などの諸善万行
- 摂衆生戒（利他）——四無量心・四摂法・四弘誓願

十重四十八軽戒とは、不殺生などの五戒を含んだ重い十の戒と、飲酒や肉食などを禁ずる四八の軽い戒であり、それが摂律儀戒の具体的内容となる。以下、十重戒の各内容を簡単に示す（齊藤［2018］）。

①殺戒（せっかい）：衆生を故意に殺さず、また人にも殺させず、むしろ慈悲心と孝順心を以て適切な手当てを用いて救済し擁護する

②盗戒（とう）：一切の財産を故意に盗まず、また人にも盗ませず、むしろ仏性の孝順心と慈悲心を以て、一切衆生を扶助して幸福と安楽を施す

③淫戒（いん）：異性に対して故意に淫をせず、また人にも淫をさせず、むしろ孝順心と慈悲心を以て、一切衆生を救い、罪なき清らかな行為、自行化他を以て接する

④妄語戒（もうご）：虚偽の言葉を語らず、また人にも虚偽の言葉を語らせず、むしろ正しくものごとをみつめ、正しい言葉を用い、さらに一切衆生にも正しくみ、正しく語るようにさせる

⑤酤酒戒（こしゅ）：顚倒・昏迷・作罪の原因となる酒類を販売することなく、また人にも販売させず、むしろ一切衆生に道理に明るく分別ある智慧を生じさせる

⑥説四衆過戒：四衆（出家菩薩・在家菩薩・比丘・比丘尼）の過失を吹聴せず、また人にも吹聴させず、むしろそのような人をみかけたならば、慈悲心を以て教え導き、大乗仏教の善信を生じさせる

⑦自讃毀他戒：自らの功績を称讃し、他者の過悪を謗らず、また人にもそうさせず、むしろ自分が謗りを甘んじて受け、称讃は他者に対して施す

⑧慳惜加毀戒：物品を求める貧者や仏法を求める信者に対し、悪しき心や怒りによって施しを惜しんだり罵ったりすることなく、また人にもそうさせず、むしろ求めてくる者には惜しみなく与える

⑨瞋心不受悔戒：粗暴な言葉で人を罵り、手や武器によって危害を加えることなく、また他者の謝罪に対しては、怒りの心でこれを拒絶せず、人にもそうさせず、むしろ怒りや争いのない善根と慈悲心を以て接する

⑩謗三宝戒：三宝（仏・法・僧）を誹謗せず、人にも誹謗させず、むしろそのように誹謗する外道・悪人・邪見の人をみたならば、信心と孝順心を生じさせる

戒の内容自体は自己の行動を制するもの（自利）だが、他者にもそうさせないこと（利他）を誓っている点が大乗戒の大乗戒たる所以である。また『梵網経』は十重戒を説明し

た後、その戒を制定する理由も併記するが、そのすべてに「そうすることは菩薩の行為ではないので制せられる」という一文が付されている。

一方、摂善法戒は六波羅蜜、そして摂衆生戒は「慈（衆生を慈しむ心）・悲（衆生を憐れむ心）・喜（衆生の幸福を喜ぶ心）・捨（衆生を平等にみなす心）」を意味する「四無量心」や、「布施（施しをする）・愛語（優しい言葉をかける）・利行（衆生を利益する）・同事（衆生に平等に接する）」という「四摂法」などの項目が挙げられている。このように、円頓戒では十善道が姿を消し、三種の戒それぞれに実践すべき項目が立てられている。日本仏教ではこの円頓戒（＝三聚浄戒）が利他行の根拠となる。

受戒の作法

では船山［2011］に基づき、受戒の作法を説明しよう。インドの大乗仏教で菩薩戒の受戒が実際にどう行われたかは不明だが、中国仏教では五世紀以降重視され、中国特有の新たな経典を産出し、漢字文化圏の仏教では重要な意味を持つようになった。菩薩戒は、理想の修行者像から出家者の戒律の実体的あり方、そして真摯な信者や形ばかりの信者に至るまで、さまざまなレベルで東アジア仏教の重要な一面を性格づけている。船山は『高僧伝』所収の曇無讖（どんむせん）伝にみられる道進の受戒の内容を紹介し、当時の中国における菩薩戒の受戒の様子を紹介している。

沙門の道進が曇無讖から菩薩戒を受けたいと願い出た。曇無讖は「まずは過去の罪過を悔い改めよ」と勧めた。道進は七昼夜懺悔を行い、最終日の翌日、曇無讖に受戒を求めると、曇無讖は彼を怒鳴りつけた。罪過がまだ尽きていないと考えた道進は三年にわたって瞑想と懺悔に励むと、瞑想中に釈迦牟尼仏が諸菩薩とともに戒を授けてくれる様を目の当たりにした。その晩、彼と一緒に生活していた人々も皆、道進がみたのと同じ様子を夢中で体験した。

この様子を曇無讖に告げようと出かけると、曇無讖は驚いて「素晴らしい、お前はすでに菩薩戒を感得している。私は授戒の証人となろう」と言った。そして曇無讖は彼のために順序どおりに仏像の前で戒の具体的諸項目を説明した（抄訳）。

ここで注目すべきは、受戒に必要不可欠な条件が「懺悔の徹底」という点だ。それが実際に三年かどうかは別にし、菩薩戒を受けるには相当期間、徹底した懺悔を行い、自らの心を清らかにすることが求められ、その結果、道進は瞑想の中でブッダから直に戒を授かっている。このように、戒を授ける主体が仏であることは、菩薩戒の特徴の一つであると船山は指摘する。

比丘から戒を授けられる伝統仏教の受戒方法を「従他受戒」と言う。この師資相承を遡ればブッダに行き着くので、結局、戒は間接的にブッダから授かることになる。一方、『高僧伝』の例のように、菩薩戒では瞑想（＝三昧）や夢中で、仏や菩薩から直接に戒を授かる。この場合、仏や菩薩に自ら誓願を表明するので、この受戒方法を「自誓受戒」と言う。この受戒では観仏が前提条件となり、そのためには懺悔の徹底が力説される。ここにも、禅定波羅蜜および三昧が大乗仏教で重視される要因が存在する。

ただし、瞑想（三昧）での観仏は困難であるから、時代が下ると自誓受戒の儀礼は仏像の前で行われ、受戒希望者は仏像に向かって自ら直接に諸仏・諸菩薩に語りかけて受戒を果たすことになる。また菩薩行は発菩提心に始まり、成仏を以て終わるから、受戒作法では戒師によって「菩薩としての自覚を有しているかどうか」と「菩提の誓願（発菩提心）を済ませているかどうか」が問い質されることになる。

大乗戒をしめくくるにあたり、最澄の大乗戒壇設立にも触れておく。日本で正式な出家者になるためには、東大寺などの国立戒壇で小乗戒を受けることが条件だった。大乗仏教を奉じるには大乗戒壇で大乗戒（円頓戒）を受けるべきだと考えた最澄は、大乗戒壇設立を朝廷に訴えた。だが、南都の僧綱の強烈な反発に遭い、その実現を果たせずにこの世を去る。その勅許が下されたのは、最澄が亡くなってから一週間後であった。ともかく最澄の尽力により、日本で初めて大乗戒壇が設立されたのである。

第七章　階位

菩薩は菩提心を起こし、誓願を立て、その誓願を実現させるために修行を実践するが、いきなり仏になれるわけではない。修行を積み重ね、順を追って成仏への長い道のりを歩んでいく。こうして菩薩は修行の深まりに応じ、成仏への階梯が考えられるようになった。インドでは十の段階が想定されたが、ここでは十地を境に、それ以前とそれ以降の修行階梯を整理する。

一．十地以前

ブッダと直弟子の時代

大乗菩薩の修行階梯を明確にする前に、まずは最初期の覚りへの道、つまりブッダと彼の直弟子がどのような経緯で覚ったのかを確認しておこう。

ブッダは二九歳で出家し、六年間の苦行の後、三五歳で覚りを開いたとされるので、そこに複雑な修行階梯は説かれていない。苦行を放棄したブッダは菩提樹の根元に坐り、縁起の理法に目覚めて仏になった。そこに梵天が現れて説法を懇願すると、その要請を受けたブッダは修行時代の五人の仲間に最初の説法を行った。

この説法を聞いた五比丘はブッダの説法を信受し、最初にカウンディンニャに法眼（ほうげん）が生じた。そこでカウンディンニャはブッダに出家を申し出、具足戒（ぐそくかい）を授けてくれるよう懇願する。そこでブッダは彼の出家を認め、修行するように告げた。この後、ヴァーシュパ、バドリカ、マハーナーマン、アシュヴァジットにも法眼が生じ、ブッダに出家を申し出ると、具足戒を受けて比丘となった。こうして五比丘は全員、覚りを開いて阿羅漢になる。

この後、ベナレスの長者の子ヤシャスもブッダの教えに会い、出家を願い出て比丘になると阿羅漢になり、またヤシャスの友人四人も出家し、阿羅漢になったと説かれる。ブッダの成道後、彼の教化によって出家し、覚りを開いて阿羅漢になった仏弟子は、それほど長い時間を要せずして、というか極めて短時間で覚りを開いていることが確認されよう。これが原初の姿である。

四双八輩／四向四果

仏滅後、ブッダの教えを体系化し整理する時代を迎えると、入信してから出家して覚りを開くまでの過程が精緻に階層化されていく。ブッダの神格化にともなって覚り自体も絶対化され、覚りは今生の六年の修行だけで達成されたのではなく、燃灯仏授記に基づき、輪廻を繰り返しながら菩薩として修行を積んだ結果とみなされるようになる。では体系化された伝統仏教の修行の階梯をみていこう。

伝統仏教の修行階梯は一般的に「四双八輩／四向四果」と説かれる。まずはそのもとになる「四沙門果」を概説するが、その前提となる「三界」について簡単にまとめる。これは仏教の世界観を示し、衆生が輪廻する領域を、欲界・色界・無色界の三つに分けたものだ。一番下の欲界は、地獄・餓鬼・畜生・阿修羅・人・天の六道（あるいは「阿修羅」を省いて五道）に分類される。その上の色界は欲を離れた清らかな世界で、絶妙な物質（色）から成る。最上の無色界は、物質を超えた世界であり、精神のみが存在する世界である。ではこれに基づき、四沙門果の各項目を説明しよう。

①預流果（須陀洹果）：聖者の流れに入り、欲界の人と天の間を最大七回生まれ変わって覚りを開く位

②一来果（斯陀含果）：人と天の間を一回往来して覚りに至る位
③不還果（阿那含果）：欲界には再び還らず、色界に上って覚りに至る位
④無学果（阿羅漢果）：今生の終わりに覚りに至り、再び輪廻しない位

この説明は、輪廻（生まれ変わり）という観点から修行の進捗を説明したもので、四段階を経て覚りに向かうが、具体的にその段階で何をどうすればよいのかはわからない。そこでつぎに、各項目を「向（そこに向かう段階）」と「果（そこに達した結果）」という二つに分け、「煩悩を断じる」という観点から整理すると、つぎのようになる。

①預流向：四聖諦（初転法輪で示された四つの真理）を観察する段階（＝見道位）。三界（欲界・色界・無色界）の煩悩を断じつつある状態
②預流果：見道の煩悩を断じ、三悪道（地獄・餓鬼・畜生）に堕ちることがない状態（＝以下、無学向まで修道位）
③一来向：四聖諦の観察を繰り返す段階。欲界の修道の九種の煩悩のうち、六種の煩悩を断じつつある状態
④一来果：その六種の煩悩を断じ終わった状態

⑤不還向：一来果で断じることができなかった残りの三種の煩悩を断じつつある状態
⑥不還果：その三種の煩悩を断じ終わった状態
⑦無学向：不還果を得た聖者がすべての煩悩を断じつつある状態
⑧無学果：すべての煩悩を断じ終わった状態（＝無学位）

断じる煩悩の種類や程度に応じて修行の深まりを説明するのが「四双八輩／四向四果」だが、これを三つに分けると、①預流向は見道位（四聖諦の理を明らかに理解する位）、②預流果～⑦無学向は修道位（修行を繰り返して煩悩を断じる位）、そして最後の⑧無学果が無学位（一切の煩悩を断じ、学ぶことがなくなった位）となる。

この「四双八輩／四向四果」に入った者は「聖者」と呼ばれるが、当時の最大部派である説一切有部では「聖者」になる前に「凡夫」の段階を設け、この凡夫の階梯もさらに細分化される。詳細は煩瑣なので、ここでは「外凡夫」と「内凡夫」の二種があり、修行の過程では、外凡夫が下位、内凡夫が上位となるという説明に留める。

伝統仏教はこのような段階を経て覚りを開くと考えるようになったのであり、大乗仏教も基本的にこのような伝統を踏襲する。後述するように、伝統仏教の修行階梯（四双八輩／四向四果）も十地説（共の十地）の中に取り込まれるので、新たな仏教を打ち立てた大乗仏教も、それ以前の仏教を全面的に否定したわけではない。

四種の菩薩

大乗仏教興起の前後、伝統仏教は本生の菩薩の修行階梯を四種に分けて説明するようになり、それに影響を受けて大乗仏教の側も向上の菩薩（「誰でもの菩薩」）の修行階梯を四種に分けるようになった。ではまず、本生の菩薩の四段階から説明する。

仏伝資料をみると、燃灯仏授記以来、ブッダは輪廻を繰り返しながら長時にわたって修行を重ね、最後は兜率天からマーヤーに入胎し、今生において覚りを開いたとされるので、最後の本生菩薩の状態は「一生補処（あと一生涯だけ輪廻し、つぎに生まれ変われば仏になる状態）」と形容される。つまりこれは修行の最終段階を意味した。

大乗仏教は本生の菩薩（固有名詞）を模範に凡夫の菩薩（普通名詞）を誕生させたので、その最初期、菩薩の観念は「一生補処の菩薩」と「凡夫の菩薩（＝誰でもの菩薩）」の二本立てだったと推定される。では凡夫の菩薩がいかにして一生補処の菩薩となるのか。こうして、菩薩の修行の進展を四つの時期に分ける考え方が誕生する。『マハーヴァストゥ』や『仏本業集経』は本生菩薩の修行段階を四段階に設定するが、ここでは『マハーヴァストゥ』からその内容を紹介しよう。

①自性行：転輪王として仏に仕え、善根を植えた時期
②願性行：商主として、仏前で成仏の誓願を立てた時期
③順性行：転輪王として、仏に随順業（＝六波羅蜜？）を実践するという願を発した時期（『仏本業集経』では「六波羅蜜を具足し、成就した時期」とする）
④不転性行：燃灯仏から成仏の記別を授かり、不退転の位に入った時期

④が燃灯仏授記の話であるから、燃灯仏から成仏の記別を授かったブッダは退転しない状態と考えられているので、『マハーヴァストゥ』や『仏本業集経』は初期仏伝にみられる燃灯仏授記の、さらに前の段階を三つに分けて整理したことになる。

この二経は伝統仏教の文献だが、大乗経典にも四種菩薩の階位が説かれている。それは『小品般若経』であり、つぎのような段階が設定されている。

①初発心（新発意）菩薩：初めて菩提心を発こした菩薩（願性行に相当）
②行六波羅蜜（久修習）菩薩：六波羅蜜を実践する菩薩（順性行に相当）
③不退転菩薩：修行が進み、不退転の位に達した菩薩（不転性行に相当）

④一生補処菩薩：あと一回だけ輪廻し、そのつぎの生涯で成仏する菩薩

『マハーヴァストゥ』と『小品般若経』の四段階を比較すると、明確な関係が認められるわけではないが、小品系般若経は、本生の菩薩の四段階説にヒントをえて大乗独自の階位を設定したと考えられる。

では、この四種菩薩の階位と伝統仏教の四沙門果説との関係はどうか。どちらも四段階で修行の過程を説明する点は共通する。ただし四沙門果説はゴール（無学果）を含めて四つ、四種菩薩の階位はプロセスだけで四つあり、ゴール（成仏）を入れれば五つになるので、まったく同じではないが、共通性は認められる。

また「不退転」は「不還」と発想は同じだし、「一生補処」も輪廻を前提にした呼称であるから「一来果」や「不還果」の考え方と通ずるものがある。直接的な影響関係は薄いが、伝統仏教を土壌に大乗仏教が誕生したことを考えると、間接的な影響はあっても不思議ではない。

不退転と無生法忍（むしょうぼうにん）

四種菩薩に基づき、菩薩の十地説が展開するが、その前に「不退転」の菩薩およびその

到達条件「無生法忍」を解説する。不退転とは「その境地に達すれば、そこから後退しないこと」を意味するから、裏を返せば、それは「いつかは覚りを開いて必ず仏になる」ことが確定した重要な境地を意味する。また、無生法忍はその重要な境地の到達度を測る目安となり、何より大乗仏教の根本思想である「空（＝不生）」の理解に関わるものであるから、これも大乗仏教では重要視される。では、不退転からみていこう。

　小品系般若経には不退転の特徴が二三項目にわたって説明されるが、その内容は「無益なことを説かず、他人の長短をみない／外道の沙門・バラモンの主張は、実如・実見とはみないし、ほかの神には仕えない／邪見等に随わず、世俗の吉事を信じない。華・香・瓔珞等で諸天を供養しない」など、それほど高度なことが説かれているわけではない。この記述をふまえ、平川［1989］はつぎのように指摘する。

> ここに説かれる不退転の相は決して高遠なものではなく、十善道を実践すること、正法に対して確固たる信念を持つこと、無生法忍を得ることが主となる。よって、ここに不退転の相として示されているものは、とくに困難な行法ではない。大乗仏教の最初期、不退転の位は到達不可能なものとは考えられていなかったが、時代が経つにつれ、次第に高い地位に押し上げられ、十地説では第七地に置かれることで、この世

で到達することは思いも及ばないものにされてしまった（要約）。

つぎに、この不退転をもたらす無生法忍を簡単に説明する。無生法忍とは、「諸法（一切の存在）は、現象面では生滅するようにみえるが、その本質は不生不滅であり空であり、すなわちそれが諸法実相であると認知すること」を意味する。「忍」の原語「クシャーンティ」は、忍辱波羅蜜の「忍辱」の原語でもあり「耐え忍ぶこと」を意味するが、無生法忍の「忍」は「認可／認知」の意味となる。

「忍」は「智」や「見」とともに「慧」の一部分をなし、「対象を洞察する力」を意味する。インド最大の部派であった説一切有部の教理では、煩悩を断ずるのは忍の作用であり、それを自己のものにするのは智の作用であるから、煩悩を断ずる忍は煩悩と同時に存在する。そうでなければ、煩悩を「断ずる」ことはできないからだ。よって、忍は「迷いの中における覚りの力」を意味する。

二　十地と五十二位

本業の十地

さまざまな資料でさまざまな十地が説かれるので、そのすべてをここで網羅することはできないが、十地説は大きく三つに大別できる。すなわち「本業の十地（本生の菩薩の修行階梯）」、「共の十地（菩薩も含めた仏教全体の修行階梯）」、そして「不共の十地（菩薩に特化した修行階梯）」である。このうち、本業の十地は本生菩薩の修行階梯に基づき、最古形と考えられる。まずは『マハーヴァストゥ』の本業の十地説を紹介しよう。それぞれの段階の名称は、以下のとおり。

①初　地：難登（Durārohā）
②第二地：結慢（Baddhamānā）
③第三地：華飾（Puṣpamaṇḍitā）
④第四地：明輝（Rucirā）
⑤第五地：広心（Cittavistarā）
⑥第六地：具色（Rūpavatī）
⑦第七地：難勝（Durjayā）
⑧第八地：生縁（Janmanideśa）
⑨第九地：王子位（Yauvanarājyā）
⑩第十地：灌頂位（Abhiṣekā）

この最後の第十地（灌頂位）では、ブッダが兜卒天からマーヤーに入胎するまでの様子を説く。また懐妊中のマーヤーの様子、また出産の様子が詩頌を以て描写され、最後にはブッダの出家踰城の様子が詩的に語られるが、全体の記述は冗長であり、かならずしも菩薩の階梯が体系的に説かれているわけではない（詳細は省略）。

共の十地と不共の十地

十地には大きく二つの系統がある。一つは仏教という大きな体系の中で修行階梯を十段階に分けるもの（凡夫→声聞→独覚→菩薩→仏）、もう一つはその中でもとくに菩薩に焦点を当て、その菩薩の修行階梯を十段階に分けるものである。前者は「共の十地」（三乗と共通する十地）、後者は「不共の十地」（三乗と共通しない十地で、「十住（じゅうじゅう）」とも表現される）と呼ばれる。

では、共の十地から説明しよう（平川［1989］）。「共の十地」も最初から十段階がすべてそろって説かれていたわけではないが、その最終形は「凡夫・声聞地・独覚・菩薩地・如来地」の五地であり、これをさらに細分化して共の十地が誕生する。「五地／共の十地／不共の十地／四種菩薩」の関係をまず示し、つづいて共の十地と不共の十地の内容を簡単に紹介する。

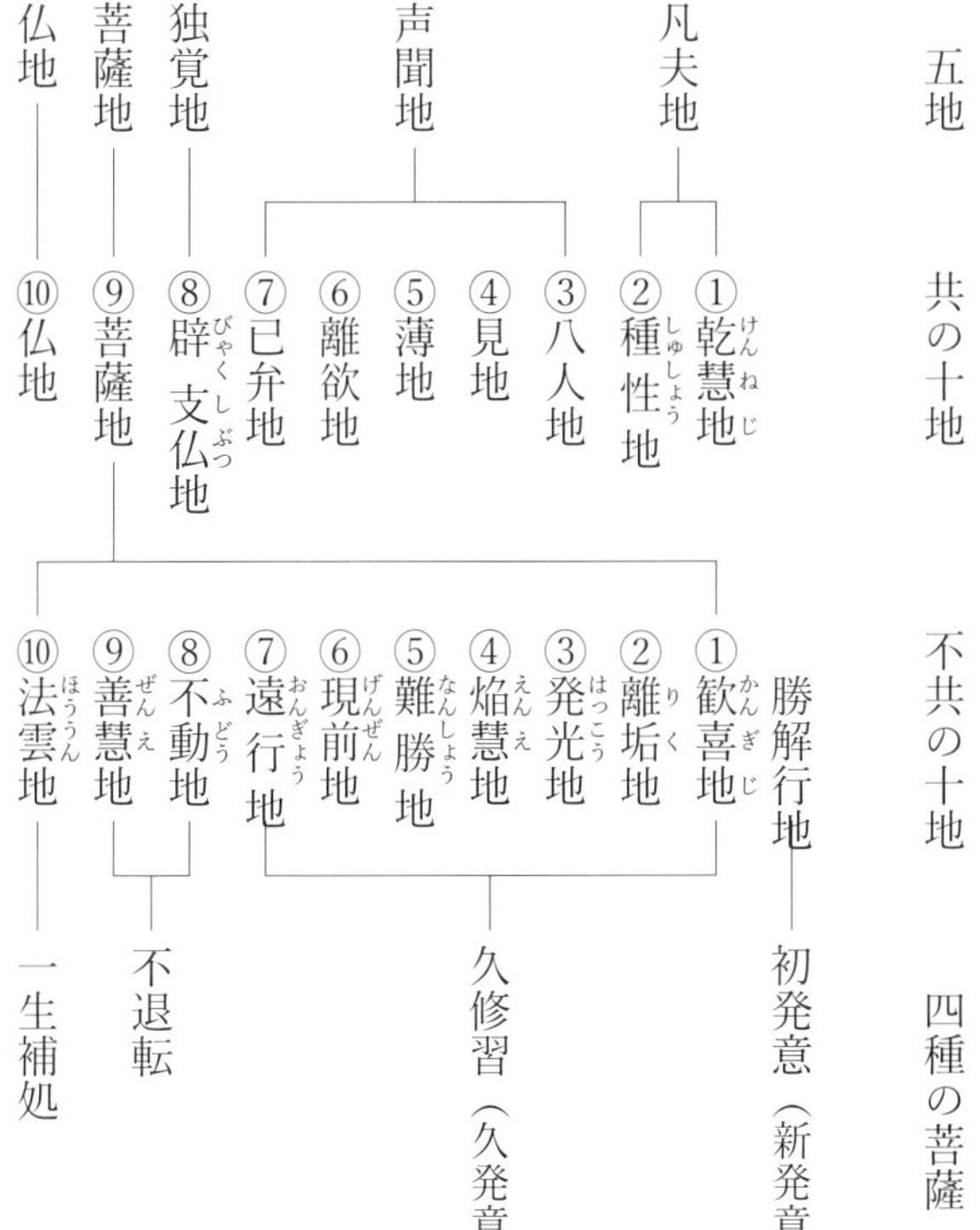

五地
共の十地
不共の十地
四種の菩薩
凡夫地
声聞地
独覚地
菩薩地
仏地
①乾慧地(けんねじ)
②種性地(しゅしょうじ)
③八人地
④見地
⑤薄地
⑥離欲地
⑦已弁地
⑧辟支仏地(びゃくしぶつじ)
⑨菩薩地
⑩仏地
勝解行地
①歓喜地(かんぎじ)
②離垢地(りくじ)
③発光地(はっこうじ)
④焔慧地(えんえじ)
⑤難勝地(なんしょうじ)
⑥現前地(げんぜんじ)
⑦遠行地(おんぎょうじ)
⑧不動地(ふどうじ)
⑨善慧地(ぜんえじ)
⑩法雲地(ほううんじ)
初発意（新発意）
久修習（久発意）
不退転
一生補処

共の十地

①乾慧地：外凡夫（下位の凡夫）
②種性地：内凡夫（上位の凡夫）
③八人地：四双八輩の預流向
④見地：四双八輩の預流果
⑤薄地：四双八輩の一来果
⑥離欲地：四双八輩の不還果
⑦已弁地：四双八輩の阿羅漢果
⑧辟支仏地：因縁の法を覚った状態
⑨菩薩地：菩薩として修行する状態
⑩仏地：最終的な成仏の状態

不共の十地

①歓喜地：菩薩がわずかに覚りの境地に到達して歓喜する位
②離垢地：中道の理に住し、衆生の汚れの中に入って、しかもそれを離れる位
③発光地：智慧の光が露わになる位

④焰慧地：精進波羅蜜を成就して修惑を断じ、智慧を盛んにする位
⑤難勝地：断じ難き無明に打ち勝つ位
⑥現前地：縁起の姿が目の当たりに現れる位
⑦遠行地：世間と二乗との有相の行を遠く出て脱する位
⑧不動地：修行が完成し、努力せずとも事前に菩薩行が行われる位
⑨善慧地：四無礙解を得て、十方一切に仏法を演説する位
⑩法雲地：智慧の雲が普く真理の雨を降らせる位

菩薩の五十二位説

菩薩の階位は「十地（十住）」が一般的だが、日本では菩薩の階位を五二とする。これは中国仏教の影響によるもので、インドから中国に仏教が将来され、仏教が中国化する中で菩薩の階位も中国的に変容し、その変容した菩薩の階位を日本仏教は受容した。よって、菩薩の五十二位説の展開をみるには、中国仏教に注目しなければならない。

水野［2009］によれば、中国仏教独自の菩薩階位説は、五世紀半ばから後半に撰述された『仁王般若経』、『梵網経』（中国撰述）、そして『菩薩瓔珞本業経』（中国撰述）の説を嚆矢とする。『仁王般若経』や『梵網経』は「三種性（三十心）」と華厳経系の十地説をあわ

せた階位を説くが、『菩薩瓔珞本業経』はこれを整理した上で〈華厳経〉に出る用語に置き換え、十住・十行・十回向・十地・等覚・妙覚の四十二位を立て、これに智顗が十信を加えて五十二位説が成立した。

これは、インドで誕生した菩薩思想のさまざまな要素を中国で統合・整理し、一大体系化した菩薩の見取図的性格を有するものと言える。成立の詳細は水野［2009］にゆずり、ここでは五十二位説の内容を概観する（中村［1981］）。

十信（じっしん）（一位〜一〇位）

①信心：信を起こして成就を願う　⑥戒心：持戒が清浄である
②念心：六念を修する　⑦回向心：修した善根を菩提に回向する
③精進心：精励して善業を修する　⑧護法心：己心を防護して修行する
④定（じょう）心：心を安住する　⑨捨心：身や財を惜しまず捨する
⑤慧（え）心：一切の事象を空と了知する　⑩願心：種々の願いを修する

十住：本業の十地（一一位〜二〇位）

①発心　②治地（じち）　③修行　④生貴（しょうき）　⑤具足方便（ぐそくほうべん）

⑥正心　⑦不退　⑧童真　⑨法王子　⑩灌頂

十行（二一位～三〇位）

①歓喜行：法空に入って邪見に動かされない
②饒益行：常に衆生を導き利益する
③無違逆行：常に忍んで人に逆らわない
④無尽行：大精進を行い、一切衆生を涅槃に導こうと発心し、弛むことがない
⑤無礙乱行：無知のために乱されない
⑥善現行：常に仏国土の中に生を現す
⑦無着行：空有の二見に執着しない
⑧難得行：得がたい善根を成就する
⑨善法行：法を説いて人に授ける
⑩真実行：中道という真実の理法を覚る

十回向（三一位～四〇位）

①救護一切衆生離相回向：六波羅蜜などを行じ、一切衆生を平等に救護する

②不壊（ふえ）回向：三宝に不壊の信心を得、その善根を回向して衆生に善利を得させる

③等一切仏（とういっさいぶつ）回向：三世の諸仏がなす回向のように、生死に著（ちゃく）せず、菩提を離れずにこれを修する

④至一切処（しいっさいしょ）回向：回向の力によって修めた善根を普く一切の三宝や衆生の処に至らしめ、それによって供養利益をなす

⑤無尽功徳蔵（むじんくどくぞう）回向：一切無尽の功徳を随喜し、それを回向して仏事をなし、それによって無尽の功徳善根を得る

⑥随順平等善根（ずいじゅんびょうどうぜんこん）回向：所修の善根を回向して衆生に平等に施し、仏に守護され、よく一切堅固の善根を成ずる

⑦随順等観（とうかん）一切衆生回向：一切の善根を増長し、それを回向して一切衆生を利益する

⑧如相（にょそう）回向：如相に順じて所成の種々の善根を回向する

⑨無縛解脱（むばくげだつ）回向：一切法に取執縛著せず、解脱の心を得て善法を回向し、普賢の行を行じて一切の徳を具足する

⑩法界無量（ほっかいむりょう）回向：一切無尽の善根を修習し、それを回向して法界の無量の功徳を願求する

十地（四一位〜五〇位）＝不共の十地

①歓喜地　②離垢地　③発光地　④焔光地　⑤難勝地
⑥現前地　⑦遠行地　⑧不動地　⑨善想地　⑩法雲地

等覚（五一位）：その智徳が万徳円満の仏、妙覚と等しい

妙覚（五二位）：等覚位の菩薩が、さらに一品の無明を断じた状態。一切の煩悩を断じ尽くした位で、仏・如来と同一視される

この五十二位説を伝統仏教の修行の段階と対比すると、以下のとおり。

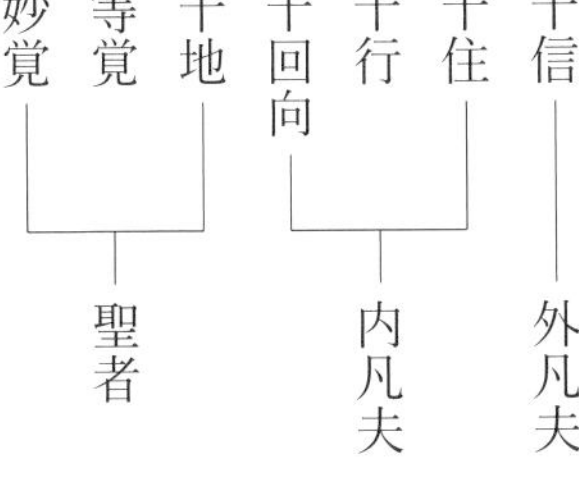

菩提心を起こして新発意の菩薩になってから、覚りを開いて仏になるまでの道程はじつに長い。ブッダでさえ、燃灯仏に成仏の記別を授かってから今生で覚りを開くまで三阿僧祇劫という長大な時間を要した。「劫」とは時間の単位、「阿僧祇」とは数の単位である。説明が長くなるので詳細は省くが、「劫」とはとんでもない長い時間を意味し、その阿僧祇（一〇の五九乗）の三倍が「三阿僧祇劫」だ。日本では、念仏により、死後、直ちに極楽に往生することは当たり前と考えられているが、本来、仏になるには想像を絶する時間が必要であった。

インドで中観哲学を樹立した龍樹や、瑜伽行派の大成者である無着（世親の兄）は十地の「初地」に達した菩薩と考えられていた（世親は初地直前まで）。ここだけに注目すると、修行が進んだ彼らでさえ、かなり初歩の段階にしか達していない印象を受けるが、五十二位説に立てば、彼らは「聖者の菩薩」であり（世親は「内凡夫の菩薩」）、もう覚りは目前である。このように、菩薩の十地の初地には「スタート」と「ゴール（目前）」という二重の意味合いがあると船山［2020］は指摘している。

終章　仏教理解の難しさ

本書では、初期仏教から大乗仏教に至る歴史的展開を、仏教の代表的尊格「仏」と「菩薩」の考察を通じて明らかにしてきた。本書を執筆する中で、私自身、仏教という宗教の特徴について気づいたことがある。それは、なぜネットなどにおいて「仏と菩薩はどう違うのか／A仏とB仏、あるいはC菩薩とD菩薩はどちらが偉いのか」という質問が頻出するのか、その理由についてである。それを終章で説示し、本書のまとめとする。

クローズドキャノンとオープンキャノン

仏教と並び、世界宗教となっているのがキリスト教だ。そのキリスト教と仏教とを比較すれば、さまざまな相違点が確認できるが、その大きな違いの一つは聖典の量であろう。キリスト教の聖典である新約聖書は、鞄にも入り持ち運び可能だが、仏教の聖典は、初期仏教経典にかぎってもまず不可能である（デジタルデータは別）。それに大乗経典を加えると、とんでもない量になる。

どちらも弟子たちによる教祖の言動録なのだが、その分量にこれほど大きな差ができるのは言語観（あるいは聖典観）の違いも影響している。メッツガー（Metzger［1987］）は、聖典を「クローズドキャノン（閉ざされた聖典：変更不可）」と「オープンキャノン（開かれた聖典：変更可能）」に分類した。キリスト教の聖書は変更や付加を許さずに教えを固定化するクローズドキャノン、仏教の経典はその逆のオープンキャノンと言える。というのも、真理は表現を超えているが、その真理を表現する言葉は多種多様であってよいという考え方が仏教の基本にあるからだ。だからこそ、初期経典に加え、大乗経典も新たに創造され、経典としての地位を獲得した。

クローズドキャノンを特徴とする聖書には「原理主義（Fundamentalism）」が付随する。小室［2000］によれば、原理主義とは「聖書に書いてあることをそのまま事実だと信じることである」と言う。敷衍すれば、「聖書のみが完全無謬（むびゅう）の絶対的権威であり、その記述を事実として信じること」と言えよう。この原理主義はキリスト教にだけみられるものであり、ほかの宗教にはない。これがクローズドキャノンの特徴だ。

このように、キリスト教の聖書はクローズドであるがゆえに文言は閉じており、変更の余地はない。だがそれゆえに、その文言の解釈には幅が生まれ、その解釈は放っておくと多様化してしまう。それを阻止するためにキリスト教は公会議を開き、異なる解釈同士を付き合わせて「正統／異端」を決定した。正統説はキリスト教の統一見解となる一方、異端の烙印を押された教説は排除される。

異説に対する仏教の態度

仏滅後、仏教でもブッダの言葉の解釈をめぐり、さまざまな解釈が生じた。では仏教は異説にどう対処したかというと、権威ある仏教思想家（たち）が「どの教説がブッダの真意であるか」を決定し、一貫した体系を作った。そのさい、A説とB説とが並び立つ場合、キリスト教のように、一方を正統として採用し、他方を異端として排除しなかった。「ブッダは無意味なことは言わない」と考えられていたからだ。

では並び立つ二説をどう共存させたのか。かりにA説がブッダの真意を述べ、文字どおりに受けとってよい説（了義）とされれば、B説は仏が衆生を導くための「裏の意味（密意）」が隠された教説（未了義）とされ、そのまま受け取ってはならないと考えられた。こうして当時の仏教徒たちはブッダの真意を探る努力とともに、仮（権）のものとされる教えに付随する密意を探る努力を怠らなかった（本庄［1989: 2011］）。

ただし、どちらを了義／未了義とするかは、部派によって異なる。たとえば、ある部派がA説を了義、B説を未了義としても、別の部派はB説を了義、A説を未了義とすることがあった。そして二つの部派が教説の解釈をめぐって激しく論争することはあったが、キリスト教のように公会議的なものを開き、仏教界としての解釈を統一したり、統一見解を出したりすることはなかった。

このような宗教の違いを、私は「縦/横」で表現する。キリスト教は「縦の宗教（A or B)」、仏教は「横の宗教（A and B)」だ。キリスト教は神が人間を創造し、また人間に支配させるために動物を創造した。ここに「神―人間―動物」は縦に並び、その三者の領域は往来不能だ。人間が神になったり、動物が人間になったりすることは絶対にない。これが象徴するように、キリスト教は縦に一本筋の通った宗教であり、AかBかを明確にするため、わかりやすい反面、異説を許容しない排他性もある。

一方、仏教は縁起説（Aを縁としてBが起こり、Bを縁としてAが起こる）を説くので、すべての関係は縦ではなく、AもBも等価で横に並ぶ。仏と人間の関係も「救う/救われる」に注目すれば縦関係と思われるが、仏の救済は縁起説に基づく「自利即利他」を基盤にするので、本来的には横関係になる。六道輪廻も、たしかに「神（天）―人間―動物（畜生)」は縦に並ぶが、善悪業に基づき、人間が動物に、また動物が神に輪廻するので領域間は往来可能であり、キリスト教ほどの厳密さはない。

ともかく、仏教の根本思想である縁起説に基づけば、異説はいくらでも横に並ぶので、寛容な宗教である反面、ここに仏教理解の難しさが潜んでいる。仏教界としての統一見解はないので、仏間や菩薩間の関係や優劣についても、それぞれの仏教徒や集団が独自に解釈して決めるため、それらを単純に比較しても全体像がつかめないからだ。

具体的な例で説明しよう。本書で阿弥陀仏の本生話をとりあげたが、二つの異なる話があった。一つは〈無量寿経〉に説かれる法蔵菩薩の説話だ。一方、娑婆世界のブッダを称讃する〈悲華経〉にも阿弥陀仏の本生話が説かれていた。それは宝蔵如来のもとで誓願を立てた無諍念王の説話である。

このような場合、キリスト教であれば、公会議を開いて「どちらが〝正しい〟阿弥陀仏の本生話か」を審議し、一方を正統説、他方を異端説と決定する。異端説はこの世から消され、正統説のみが残るので、阿弥陀仏の本生話は一本化される。非常に明快だ。しかし、仏教では異説が併存してしまう。

インド仏教

仏教徒は経典の解釈や自らの宗教体験に基づき、自分あるいは時代に合うように旧来の仏教をカスタマイズ（時機相応化：時代とその時代の人々の能力〔機〕に合うように変更すること）し、新たな仏教を創造した。オープンキャノンがそれを可能にする。そのさい、後の仏教ほど前の仏教を取り込んで下位に位置づけられるので、仏教を体系化するには都合がよい。その意味で密教はもっとも有利な立場に立つ。

インド仏教の掉尾を飾る密教は、それ以前の仏教をすべて取り込むことができた。尊格に関して言えば、曼荼羅は大日如来を中心に据え、その他の主要な仏たちを大日如来の取り巻きとして位置づけている。たとえば金剛界曼荼羅の大日如来は、その東南西北に、阿閦如来・宝生如来・阿弥陀如来・不空成就如来を配し、胎蔵界曼荼羅の大日如来は、その東南西北に、宝幢如来・開敷華王如来・無量寿（阿弥陀）如来・天鼓雷音如来と、四菩薩（普賢・文殊・観自在・弥勒）とを配す。

では時代を追って、後の仏教が前の仏教を否定したり、吸収したりしていった歴史を簡単にまとめておこう。まずはインドの状況から。

大乗仏教は旧来の仏教を小乗と蔑称し、小乗を鏡に自らの立場の優勢性を主張した。これをさらに細分化すれば、小乗は声聞乗と独覚乗に分類され、大乗は菩薩乗とも称される。大乗経典の中でも最初期に成立した般若経類や〈維摩経〉は、菩薩乗の立場から声聞乗と独覚乗（小乗）を批判した。これが最初の価値判断である。

つぎの段階は大乗内部の価値判断。般若経類や〈維摩経〉の小乗批判は自らの立場である大乗を称揚するには便利だったが、小乗を批判して大乗を説けば、大乗は小乗を排除しているがゆえに「大乗（大きな乗物）」でなくなるという矛盾を孕んでいた。この反省に立ち、〈法華経〉は一（仏）乗を説いた。つまり、仏の教えは最初から一（仏）乗しかなかったが、方便として三乗が説かれたとする。これが二回目の価値判断だ。

また本書で確認したように、旧来の仏道修行の階梯を取り込み、菩薩の修行階梯に取り込んだのが「共の十地（凡夫→声聞→独覚→菩薩→仏）」だった。ある意味で、これは〈法華経〉の一乗思想に通じる。つまり、旧来の仏教（小乗仏教）を価値なき教えとして否定せず、菩薩の修行階梯の初期段階に位置づけた。こうすれば、小乗二乗の価値を全否定することなく、しかも菩薩道の優位をも同時に示せるからだ。こうして、古い仏教は新たな仏教に更新され、取り込まれていく。

中国仏教

インドでは初期経典・大乗経典・律文献・論書など膨大な文献が編纂されたが、これらは編まれた時代を考慮せず中国にもたらされ、漢訳された。中国人からすれば、内容がバラバラの経典が歴史を無視し順不同で入ってくるので、それを何らかの基準で整理する必要があった。この経典の整理を「教相判釈（経典の内容（相）を判断し解釈すること）」、略して「教判」と言う。これは中国仏教の特殊事情だった。

その中で、ここでは二つの教判を紹介する。一つ目は道綽の教判だ。道綽はインド将来の膨大な経典を、自力で覚りを開くことを説く経典（聖道門）と、他力で救済されることを説く経典（浄土門）に分類し、浄土門の価値を称揚した。教判は単に経典を分類するだけではなく、経典の優劣や深浅を判定する作業であり、数ある経典の中から自分に価値ある経典を選択するため、諸経典に価値判断を下す作業でもあった。

つぎに、智顗の「五時教判」を紹介する。ブッダは覚りの内容を直截的に説く①『華厳経』を説示したが（華厳時）、あまりに深遠で誰も理解できなかったので、鹿野苑で②『阿含経』を説いた（鹿苑時）。そして③大乗経典一般に続いて（方等時）、④『般若経』（般若時）、そして最後に⑤『法華経』と『大乗涅槃経』を説いた（法華涅槃時）。智顗は経典が説かれる順番を五時に分類し、全仏教の体系を整理した。

『大乗涅槃経』はブッダの涅槃（入滅）を主題とする経典だから、その後ろに『法華経』を位置づけられないが、天台教学によれば、『大乗涅槃経』は〝落穂拾い〟の経典とされ、『法華経』が取りこぼした教えを説く経典とされる（これも一つの解釈）。ともかく、これが『法華経』を最高の経典として位置づける智顗の「五時教判」だ。

日本仏教

日本仏教の例としては、仏教の最終段階で登場した密教を奉じる空海の教判を紹介するのが全仏教の体系を概観する上でもっともわかりやすいだろう。空海は『三教指帰』を著し、儒教・道教・仏教を比較して仏教の優位を説き、また『弁顕密二教論』では、顕教と密教とを比較し、密教の優位を説いた。これをふまえ空海は、『十住心論』で仏教以外の宗教や思想をも含めた宗教と思想の価値づけを、以下の十段階に整理する。

①異生羝羊心：異生（凡夫）の心が羊のように愚かなこと。六道に輪廻する迷いの状態（誤った外道）

②愚童持斎心：愚かな子供が斎戒を保つようになった状態。世俗的な倫理道徳の立場（儒教など）

③嬰童無畏心：まだ子供のような状態だが、悪道に堕ちる畏れはなくなり、善行による生天を信じる段階（仏教以外の諸宗教）

④唯蘊無我心：五蘊（色・受・想・行・識）は存在するが、自我は存在しないと信じる段階（声聞乗〈小乗〉）

⑤抜業因種心：十二因縁を観じ、業の苦や無明の種子を抜き去る段階（独覚乗〈小乗〉）

⑥他縁大乗心(たえんだいじょうしん)：他の衆生も心にかける（他縁）大乗の最初の段階（法相宗(ほっそうしゅう)：唯識）
⑦覚心不生心(かくしんふしょうしん)：一切の存在は不生不滅であると覚る段階（三論宗(さんろんしゅう)：中観）
⑧一道無為心(いちどうむいしん)：唯一絶対の立場（道）に立ち、因縁造作（有為）を超えた（無為）段階（天台宗）
⑨極無自性心(ごくむじしょうしん)：顕教における究極の段階で、一切の存在の無自性を覚る（華厳宗）
⑩秘密荘厳心(ひみつしょうごんしん)：仏教の究極である真言密教の段階（真言宗）

当時の空海にとって知りうるかぎりの宗教および思想をすべて体系化し、その頂点に密教を位置づけたのが空海の教判だ。これはこれで素晴らしいが、この教判はあくまで空海という一個人の解釈であり、それが全仏教の統一見解ではない。

以上、仏教思想を中心に、インドから日本までの教判の歴史を辿ってみたが、「仏教思想の統合／整理／体系化」という点では、後代に誕生した仏教ほど有利であることがわかる。その意味で、思想にしても尊格にしても、インド仏教史の最後に誕生した密教は、その前のすべてを漏れなく取り込めるという利点があった。

自覚の宗教

「大乗」という名称や大乗仏教の教判にとらわれると、インドでは大乗が小乗を凌ぐ勢力を誇示した主流派の仏教と考えられがちだが、実情を言えば、当時の大乗仏教は周辺の少数派に過ぎず、その主流正統派は依然として、大乗側から「小乗」と貶称(へんしょう)された伝統仏教であった。日本の宗派仏教も各宗派個別の教判を持つが、それは各宗派内においてのみ有効であり、それを一般化・普遍化することはできない。これを混同すると、仏教の理解はとたんに難しくなる。

この統一見解のなさが曖昧性を生み、仏教の短所ともなっているが、それは同時に異説・異端に対する寛容性という長所と裏腹である。それはともかく、仏教思想の価値づけはあくまで、ある特定の宗派や個人によってなされる相対的なものであり、絶対ではない。しかし、ネットの情報や書籍もこの点を無視して説明するものが散見するので、アクセスするネット上の情報や、手に取る書籍の内容によっては説明が異なり、それらを複数閲覧すると、初学の読者は混乱に陥る。

仏教を知的に理解するには、思想や尊格の優劣もすべて相対的であることを前提にして、仏教にアプローチする必要があるだろう。キリスト教と違い、仏教には統一見解がないからだ。一方、仏教を信仰するには、自己判断・自己責任が重要になる。仏教界の統一見解がない以上、どの教えを選び、どの教えを捨てるか、またどの仏菩薩を選択し、どの仏菩薩を棄捨するかは、あくまで自分自身が吟味し、自己判断・自己責任によって主体的に行わなければならない。

長い歴史の中では他力の教えも誕生したが、仏教は最後に「菩提（目覚め）」をめざすので、基本的には本人の自覚および責任を重視する。キリスト教は原罪を説くので、個々人の持つ罪は共通かつ普遍的であり、自覚するしないにかかわらず、〝システム〟として人類共通の罪が信仰に組み込まれているが、仏教は違う。個々人の罪（業）は人によってすべて異なるし、また罪意識は個人が意識しないかぎり、自覚されない。

神の存在意義を認めず、神を鑑に自己を認識できない仏教にとって、自己を認識するためには、あくまで本人の自覚を待つしかない。横の仏教である仏教は、それゆえに自覚の宗教でもあったわけだが、近年、並川［2021a; 2021b］はこれが最初期からの仏教の特徴であることを論証しているので、簡単に紹介しよう。

そのキーワードは、最古層の経典で修行の中核と位置づけられる「スムリ（√smṛ）」（記憶する／心に留める／思い出す）の過去受動分詞ならびに名詞形の「サタ／サティ（sata/sati）」（いずれもパーリ語形）である。従来はこの動詞の目的語が曖昧であったが、並川は用例を渉猟し、その目的語を「自己の存在」と確定する。つまり、最初期における修行の基本は「自己の存在を正しく心に留め、正しく自覚すること」であったと推定する。さらにこれは「常に（sadā）」とセットで用いられるので、それを継続的に行うことが求められていたとも指摘する。つまり、常に自己と対峙するのが仏教の基本姿勢であった。

自ら気づき、自ら判断し、自らの責任で何事も選択するのが仏教だ。仏教を〝理解〟する難しさもさることながら、仏教を〝信仰〟し、仏教を〝実践〟する難しさがここにある。慈悲を説く反面、仏教は厳しい宗教でもある。

〝並〟の国民性

仏教のパンテオンは、序章で確認したように、理念的には上から「仏・菩薩・明王・天部」の順に縦に並ぶが、存在論的には横に並ぶため、自己責任で選択すれば、仏と菩薩をさしおいて、不動明王を第一とする信仰もありえるし、実際そのような信者は存在する。また寺院によっては、その本尊を、仏ではなく菩薩や明王とする場合もあるし、はてはインドの神である天（たとえば弁財天）とする場合もあるが、ここまでくると、もう仏教寺院と呼ぶには躊躇（ためら）いを感じる。しかし、ここが〝横の宗教〟である仏教のおもしろいところだ。

では最後に、横の宗教である仏教と相性のよい日本人の〝並〟の国民性について考えてみよう。建築家の黒川［2006］は日本人の美意識（それは日本人の「精神性」でもある）を八つの漢字（微／並／気／間／秘／素／仮／破）で表現する。これは日本人の美意識全体を構成する八つの「部分」ではなく、漠然とした大きな日本の美意識全体を切ったときに見えてくる八つの断面図のようなものとだと言う。だから、八つのうちから一つだけを取り出して論じるのは黒川の論旨に反するが、それを承知の上で、ここでは「並」に焦点を絞って考察する。

まず黒川は、翻訳家の柳父［2002］によりながら、日本人の宗教の並列性（よく言われるように、「結婚すればキリスト教の教会で挙式、子供が生まれれば神道の神社でお宮参り、死ねば仏教の寺院でお葬式」的精神性）に触れた後、日本の文字の並列性に言及する。日本人は漢字・ひらがな・カタカナを違和感なく併用しているが、これはほかの言語に類をみないと言う。最近ではこれにアルファベットも加わる（本書もその典型例）。

つぎに黒川は日本美術に視点を移し、俵屋宗達（たわらやそうたつ）の「風神雷神図屏風」を例にだす。それぞれ単体でも絵になる風神と雷神とを、個別にではなく二曲一双の屏風に併存させる構図。風神と雷神とが向かい合い、どちらが主でも副でもなく対等で、しかも無関係ではなく、みえない力で関係し合っていると言う。これ以外にも黒川は日本の絵巻物や屏風絵にも言及する。そこでは時系列で物語が展開するため、時間を経過した複数の場面が一つの絵画に同時に表現されているので、異なった時間さえも並列的に表現されると指摘する。

風神雷神といえば、相撲もその典型例と言えるのではないか。「横綱」は最高位のチャンピオンだが、それが東と西に二人存在するのだ。西洋的に思考すれば、チャンピオンは一人のはずだが、それが東西にいてバランスを取り、東西に並び立つ（二〇一七年には四人〔白鵬・日馬富士・鶴竜・稀勢の里〕のときもあった！）。考えてみれば不思議だが、日本人はそれに何ら違和感を持たずに相撲観戦を楽しむ。

臨床心理学者の河合［1982］はそんな日本人の精神性を、西洋の「中心統合構造」に対して「中空構造」という言葉で表現し、日本神話を手がかりに日本文化が持つカウンターバランスの特徴を明らかにした。「風神雷神図屏風」で言えば、風神と雷神の視点がぶつかる中央の空白が中空となって両者の均衡を保つことになる。

これは一元論か二元論かという問題でもある。日本のみならず、中国の道教では「陰／陽」の二元論で世界を説明するので、インドも含め、二元論はアジア文化の特徴なのかもしれないが、ここでそれを論じる余裕はない。それは今後の課題とするが、ともかく、〝横〟の宗教（仏教）が〝並〟の精神性（日本）と出逢ったとき、曖昧性とセットで多様性の花を咲かせたのは必然であった。神と仏さえ区別しない日本人にとって、仏と菩薩の違いや区別は大した意味を持たないのかもしれない。

仏と菩薩の違いを明確にする目的で起筆したが、最後は日本における仏と菩薩の境界が曖昧である原因を指摘して擱筆（かくひつ）するという皮肉な結果となった。

おわりに

宗教を「縦／横」の二分法で整理するのは乱暴だったかもしれないが、終章では両者の特徴をあぶり出すためにあえて単純化してみた。この分類に従い、私はキリスト教を「縦の宗教」、仏教を「横の宗教」と定義した。単純にどちらが「善い／悪い」という話ではない。それぞれに一長一短があり、長所は短所にもなるし、また長所は短所にもなりうる。

本書をまとめながらおぼろげにみえてきたのは、仏教が持つ曖昧さの原因だった。日本仏教にかぎってみても、現在、多くの宗派が林立するので、一般の人々から見れば単純に「どの宗派が一番いいの」と訊きたくなる。また尊格（仏・菩薩）や聖典（お経）も複数存在するので、「どの仏（菩薩）が一番偉いの／どのお経が一番ありがたいの」という疑問が生じるのも無理はない。それに引き換え、キリスト教は明快だ。尊格は「神」（ただし神と神の子イエスとの関係は微妙）、聖典は「新約聖書」と明確に提示できるからだ。

この仏教の曖昧さは日本で始まったわけではなく、本書で示したように、すでに仏滅後のインドの「聖典解釈」に胚胎していた。仏教の根本思想「縁起」もこの曖昧さを助長する。縁起はすべてを関係性の中でとらえ、関係を持つ諸要素は基本的にすべて〝横〟に並んでいくからだ。仏と菩薩の違いを解説する本書を執筆しながら、仏教の曖昧さの原因を言語化できたことは、私にとって予期せぬ果報であった。

これまで本庄良文先生の研究に導かれながら、聖典解釈による仏教の変容（脱皮・進化）について著書を何冊か出版してきたが、思想のみならず、仏や菩薩といった尊格にも解釈が大きく影響していることがわかった。それぞれが各自の解釈を重視すると同時に、仏教界としては見解を統一せず、相手の解釈を批判はするが排除しない姿勢に、仏教という宗教の寛容性を確認した。曖昧性（短所）と寛容性（長所）とは同じコインの表裏なのである。

社会の進展に応じて重要視されるキーワードも変化するが、今後の社会で大切になってくるキーワードの一つに「多様性（diversity）」がある。大国の一極支配を終え、すべての国がそれぞれの個性を生かすとともに、他国の文化をも尊重する「多文化共生」を目標とすることが理想世界の未来予想図と考えられるが、残念ながら実際はそれに逆行する動きも確認される。

生物の進化を考えれば一目瞭然だが、多様化こそが進化の歴史であり、遺伝子が画一化された生物は変化に対応できずに滅びていく。国も組織も同様であろう。他者の意見に耳を傾ける度量のない国や組織は早晩、崩壊する。だから、その曖昧性ゆえに寛容性や多様性をあわせ持つ仏教の縁起説には、将来のあるべき社会や世界を考えるためのヒントが隠されていると私は信じている。

その意味で、曼荼羅は象徴的だ。密教の曼荼羅で中心を占めるのは大日如来だが、そのほかの仏菩薩を排除せず、それらをバランスよく配備し、見事な景観を描き出す。また同じ密教の曼荼羅でも金剛界と胎蔵界の二種があるが、空海はこの二つの曼荼羅に優劣をつけず、「金胎不二（こんたいふに）」として平等に扱った。まさに〝並〟の精神性の面目躍如と言ったところか。

さて、この曼荼羅は密教にかぎられるわけではない。浄土の情景を描写した観経（かんぎょう）曼荼羅（当麻（たいま）曼荼羅）になると、その中心は極楽浄土の阿弥陀仏であり、そのほかの菩薩たちがその周囲を荘厳する。さらに日蓮の大曼荼羅になると、題目（だいもく）（南無妙法蓮華経）が中心に坐り、その周囲に釈迦牟尼如来をはじめとする仏や菩薩などが漢字で配される。それぞれの曼荼羅（そして教判も）が独自の視点で混沌に秩序を与える。まさに曼荼羅は仏菩薩らの、そして教判は仏教思想の〝賑やかな坩堝（るつぼ）〟なのだ。

このように、仏教は数多の仏や菩薩を綺羅星のごとく輩出する一方、それを曼荼羅として華麗に配列し、多様な曼荼羅を創造した。また仏教は豊饒な思想や教理を百花繚乱のごとく創出する一方、それを見事に整理し、多彩な教判を創出した。本書が、そのような仏教の拡散と収束、混沌と秩序の妙を伝えられていたら幸甚である。

なお本書は、『日蓮に学ぶレジリエンス』（二〇二一年）の出版でご縁を頂戴した大法輪閣からの出版となった。編集の労をおとりいただいたのは、石原英明氏である。ともすれば専門用語や思想の説明が不足になりがちな原稿を粘り強く校正していただいたことで、ずいぶん読みやすい内容に整理された。ここにあらためて謝意を表する。石原さん、ありがとうございました。

二〇二二年二月二二日（猫の日に。ちなみに私は犬派です）

引用文献ならびに主要参考文献

石上　和敬

1999.「Karuṇāpuṇḍarīka に見られる釈迦如来の五百願について」『仏教学』40, 85–107.

入澤　崇

2019.『ジャータカ物語』本願寺出版社.

岩本　裕（訳）

1974.『仏教聖典選　第六巻　大乗経典（四）』読売新聞社.

太田　清史

1997.『「釈尊伝」講話（光華叢書二）』光華女子大学・短期大学真宗文化研究所.

大谷　欣裕

2008.「三輪身の形成に関する一考察」『仏教学研究』64, 114–136.

沖本　克己

1981.「大乗戒」平川（他編）［1981：183–221］.

香川　真二

2003.「出家者に対する在家菩薩の役割：『郁伽長者所問経』を中心として」『印度学仏教学研究』51–2, 176–178.

2004.「『大宝積経』「三律儀会」に説かれる在家菩薩」『印度学仏教学研究』52–2, 193–195.

2005.「教化者としての在家菩薩」『印度学仏教学研究』53–2, 152–155.

香川　孝雄
1964.「弥勒と阿逸多」『印度学仏教学研究』12–2, 158–161.
勝崎　裕彦（編）
1997.『大乗経典解説事典』北辰堂.
勝本　華蓮
2011.「菩薩と菩薩信仰」（高崎（監）[2011b : 167–204]）.
辛嶋　静志
2010.「阿弥陀浄土の原風景」『佛教大学総合研究所紀要』17, 15–44.
河合　隼雄
1982.『中空構造日本の深層』中央公論社.
岸本　英夫
1973.『死を見つめる心：ガンとたたかった十年間』講談社.
黒川　雅之
2006.『八つの日本の美意識』講談社.
小室　直樹
2000.『日本人のための宗教原論：あなたを宗教はどう助けてくれるのか』徳間書店.
三枝　充悳
1981.「概説：ボサツ、ハラミツ」（平川[1981: 89–152]）.
1999.『ブッダとサンガ：〈初期仏教〉の原像』法藏館.
サイド、マシュー

2021.『多様性の科学：画一的で凋落する組織、複数の視点で問題を解決する組織』ディスヴァー・トゥエンティワン.
齊藤　隆信
2018.『円頓戒講説』佛教大学齊藤隆信研究室.
佐久間留理子
2015.『観音菩薩：変幻自在な姿をとる救済者』春秋社.
桜部　建
1965.「弥勒と阿逸多」『仏教学セミナー』2, 34-44.
佐々木　閑
2000.『インド仏教変移論―なぜ仏教は多様化したのか―』大蔵出版.
定方　晟
1998.『異端のインド』東海大学出版会.
佐藤　直実
2008.『蔵漢訳『阿閦仏国経』研究』山喜房佛書林.
静谷　正雄
1974.『初期大乗仏教の成立過程』百華苑.
下泉　全暁
2015.『地蔵菩薩：地獄を救う路傍のほとけ』春秋社.
下田　正弘
2004.「菩薩の仏教：ジャン・ナティエ著『ア・フュー・グッド・メン』に寄せて」『法華文

化研究』30, 1–18.
2005.「〈物語られるブッダ〉の復活―歴史学としての仏教学を再考する―」『仏教とジャイナ教(長崎法潤博士古希記念論集)』平楽寺書店.

下松　徹
1987.「東寺講堂の諸尊と三輪身説」『密教文化』157, 50–66.

杉本　卓洲
1993.『菩薩:ジャータカからの探求』平楽寺書店.

高崎　直道(監)
2011a.『大乗仏教の誕生(シリーズ大乗仏教2)』春秋社.
2011b.『大乗仏教の実践(シリーズ大乗仏教3)』春秋社.

武内　紹晃
1981.「仏陀観の変遷」平川(他編)[1981: 153–181].

田中　公明
2020.『両界曼荼羅の源流』春秋社.

辻　直四郎(訳)
1970.『リグ・ヴェーダ讃歌』岩波書店.

長尾　雅人
2001.『仏教の源流:インド』中央公論新社.
(編)1967.『世界の名著2:大乗仏典』中央公論社.

長沢　和俊(訳)

1971.『法顕伝・宋雲行紀』平凡社.
中村　元
1981.『仏教語大辞典』東京書籍.
1988.『インド人の思惟方法：東洋人の思惟方法Ⅰ（中村元選集［決定版］第1巻）』春秋社.
1992a.『ゴータマ・ブッダⅠ（中村元選集［決定版］第11巻）』春秋社.
1992b.『ゴータマ・ブッダⅡ（中村元選集［決定版］第12巻）』春秋社.
（監）2005.『エリアーデ仏教事典』法藏館.
中村元・三枝充悳
1996.『バウッダ：佛教』小学館.
並川　孝儀
2005.『ゴータマ・ブッダ考』大蔵出版.
2021a.「最古層経典における sata、sati の用例」『仏教学部論集』105, 1–18.
2021b.「最古層経典にみる sata、sati の意義とその展開」『佛教大学仏教学会紀要』26, 1–24.
奈良　康明
1988.『釈尊との対話』日本放送出版協会.
（他編）2010.『仏典からみた仏教世界（新アジア仏教史03インドⅢ）』佼成出版社.
袴谷　憲昭
2005.「出家菩薩と在家菩薩」『大乗仏教思想の研究（村中祐生先生古稀記念論文集）』山喜房佛書林、3–18.
林　純教（訳）

1994.『蔵文和訳・般舟三昧経』大東出版社.

速水　侑

2019.『菩薩：由来と信仰の歴史』講談社.

原　實

1974.『ブッダ・チャリタ（大乗仏典13）』中央公論社.

干潟　龍祥

1978.『改訂増補　本生経類の思想史的研究』山喜房佛書林.

1981.『ジャータカ概観』春秋社.

平岡　聡

2001.「インド仏典に出没する龍（ナーガ）」『アジア遊学』28,14–22.

2002.『説話の考古学：インド仏教説話に秘められた思想』大蔵出版.

（訳）2007a/b.『ブッダが謎解く三世の物語：『ディヴィヤ・アヴァダーナ』全訳（全二巻）』大蔵出版.

2008.「アングリマーラの〈言い訳〉：不合理な現実の合理的理解」『佛教学セミナー』87.

2010.「仏伝からみえる世界」奈良［2010：14–61］.

2011.「変容するブッダ：仏伝のアクチュアリティとリアリティ」高崎（監）［2011a：109–137］.

2012.『法華経成立の新解釈：仏伝として法華経を読み解く』大蔵出版.

2015.『大乗経典の誕生：仏伝の再解釈でよみがえるブッダ』筑摩書房.

2018a.『浄土思想史講義：聖典解釈の歴史をひもとく』春秋社.

2018b.『浄土思想入門：古代インドから現代日本まで』KADOKAWA.
2020.『菩薩とはなにか』春秋社.
平川　彰
1983.「大乗仏教における法華経の位置」平川（他編）[1983：1-45].
1989.『初期大乗仏教の研究Ⅰ（平川彰著作集第三巻）』春秋社.
（他編）1981.『大乗仏教とは何か（講座・大乗仏教1）』春秋社.
（他編）1983.『法華思想（講座・大乗仏教4）』春秋社.
藤田　宏達
1964.「在家阿羅漢論」『仏教思想史論集（結城教授頌寿記念）』大蔵出版、51-74.
1970.『原始浄土思想の研究』岩波書店.
2007.『浄土三部経の研究』岩波書店.
船山　徹
2011.「大乗戒：インドから中国へ」高崎（監）[2011b：205-240].
2020.『菩薩として生きる』（シリーズ実践仏教）臨川書店.
本庄　良文
1989.「阿毘達磨仏説論と大乗仏説論：法性、隠没経、密意」『印度学仏教学研究』38-1, 59-64.
2011.「経の文言と宗義：部派佛教から『選択集』へ」『日本仏教学会年報』76, 109-125.
松濤　誠達
1983.「古代インドにおける数のシンボリズム―7の考察―」『仏教学』16,29-46.
水谷　真成（訳）

1971.『大唐西域記（中国古典文学大系22）』平凡社.
水野　弘元
1985.『釈尊の生涯』春秋社.
水野　荘平
2009.「五十二位の菩薩階位説の成立について」『印度学仏教学研究』57-2, 775-780.
宮坂　宥勝
1971.『仏教の起源』山喜房佛書林.
宮治　昭
1996.『ガンダーラ　仏の不思議』講談社.
森　祖道
2015.『スリランカの大乗仏教：文献・碑文・美術による解明』大蔵出版.
柳父　章
2002.『秘の思想：日本文化のオモテとウラ』法政大学出版局.
頼富　本宏（編）
2007.『大日如来の世界』春秋社.
渡辺　照宏
2005a.『新釈尊伝』筑摩書房.
渡辺　照宏
2005b.『涅槃への道―仏陀の入滅―』筑摩書房.

Metzger, B.

1987. *The Canon of the New Testament: Its Origin, Development, and Significance*, Oxford: Clarendon Press (Reprint: 1988).

Nattier, J.

2003. *A Few Good Men: The Bodhisattva Path according to the Inquiry of Ugra (Ugraparipṛcchā)*, Honolulu: Univ. of Hawai,i Press.

Strong, J. S.

2001. *The Buddha: A Short Biography*, Oxford: Oneworld.

平岡　聡（ひらおか・さとし）

1960（昭和35）年、京都生まれ。佛教大学大学院文学研究科博士後期課程満期退学。ミシガン大学に客員研究員として留学。博士（文学）。京都文教学園学園長・京都文教大学教授。第42回日本印度学仏教学会賞、第12回坂本日深学術賞を受賞。
主な著書に『法華経成立の新解釈』『進化する南無阿弥陀仏』（大蔵出版）、『大乗経典の誕生』（筑摩書房）、『菩薩とはなにか』（春秋社）、『鎌倉仏教』（KADOKAWA）、『南無阿弥陀仏と南無妙法蓮華経』（新潮社）、『日蓮に学ぶレジリエンス』（大法輪閣）などがある。

仏と菩薩―初期仏教から大乗仏教へ―

2022年6月21日　初版第1刷発行

著　者　平　岡　聡
発行人　石　原　俊　道
印　刷　三協美術印刷株式会社
製　本　東京美術紙工協業組合
発行所　有限会社 大　法　輪　閣
〒150-0022 東京都渋谷区恵比寿南 2-16-6-202
TEL 03－5724－3375（代表）
振替 00160－9－487196番
http://www.daihorin-kaku.com

編集協力：高木夕子　装幀：山本太郎

　ISBN978-4-8046-1437-3　C0015